カール教授のビジネス集中講義

Prof. Carl's Business Essential

ビジネスモデル

Business Model

平野敦士カール

Carl Atsushi Hirano

朝日新聞出版

本書の使い方

本シリーズは、わたくし、平野敦士カールが実務家、経営コンサルタント、著者、大学教授とさまざまな経験をする中で、以下の3点を痛切に感じたことから執筆したものです。

その3点とは、

1

「自分のアタマで考える」「他人と議論する」ことが何よりも大切。そのためには基本的な用語や事例への理解が必須

2

知ること、理解することと、ビジネスの現場で実際に使うことはまったく次元が異なること。内容の理解度チェックが必要

3

新しいビジネスモデルを創造できるフレームワークが必要

第1弾の「経営戦略」同様、本書で解説する「ビジネスモデル」も経営者や企画担当、コンサルタントだけが学ぶべきものではなくすべての人が学ぶべきものだと考えます。

日本は今かつてないほどに創業するチャンスに恵まれてきています。具体的にはインターネットの普及等による創業のためのコストの低下、ベンチャー支援のための多くのファンド設立や支援スタッフの充実、政府の支援策などです。新た

なるベンチャーの登場が日本経済活性化のためにも待ち望まれているのです。また、大企業にもグローバルに新規事業を起こす絶好の機会が到来しています。既存のビジネスモデルに限界がきている今日、まさに企業は新規事業を生み出す必要性に迫られているのです。

本書は、新規事業を生み出すための発想法、誰でも新しいビジネスモデルを生み出すことができるビジネスモデル構築7ステップなどのエッセンスが学べる内容になっています。一般的なビジネスパーソンはもちろん、MBA（経営学修士）の取得を目指す方々にも読んでいただきたいと思っています。巻末に付けた60の戦術カードも利用してみてください。また、さらに深く勉強したい方には参考となる書籍なども巻末に記載しましたのでぜひ参考にしてください。

各章の終わりなどにはテストも設けましたので必ず理解度を確認しましょう。本書を常にデスクの上に置いていただき反復して読むことで、みなさんのビジネスモデルを構築する力が飛躍することを願います。

Contents

Carl Atsushi Hirano
Business Model

第3章 ビジネスモデル構築7ステップ …… 053

STEP 1 現状を認識する …… 060

STEP 2

顧客をシフトする

STEP 3

顧客価値をシフトする

Contents

Contents

Introduction

はじめに

本書は企業において新規事業を担当している方、これから起業をしたい方、あるいはすでに起業しているが会社をより成長させたいと考えている方を対象にしています。

まず、ビジネスモデルとは何でしょうか?

第1弾の『経営戦略』を読まれた方はおわかりかと思いますが、一言でいえば「もうけの仕組み」のことです。企業は経営理念（ミッション・ビジョン）に基づき経営戦略を策定し、ビジネスモデルを構築します。この位置づけをまず確認してください。

ビジネスモデルについての事例集は拙著『図解 カール教授と学ぶ成功企業31社のビジネスモデル超入門！』（ディスカヴァー・トゥエンティワン）を含めていくつかあり、事例を学ぶことは極めて有益です。しかし、実際にどのように新しいビジネスモデルを構築するのか、さらにはそれをどのように事業計画に落とし込むのか、その事業の価値はどのくらいなのかを網羅的に記載した書籍はほとんどないのではないでしょうか。

そこで、本書では新規事業を生み出すための発想法、誰でもシステマティックに新しいビジネスモデルを生み出すことができるビジネスモデル構築7ステップ、さらにそのビジネスモデルを実際に実行するための事業計画の策定方法、財務計画作成方法について解説します。

また、最後には企業価値についても説明します。事業を起こす際や事業を拡大する際には、資金調達が必要になります。

その際、他社やベンチャーキャピタルなどの金融機関からの出資を受けることになります。あるいは事業自体を他社に売却することもあるでしょう。実際には外部の投資銀行や会計事務所などが事業価値を算定する場合が多いのですが、起業家自らがその算定方法の妥当性を理解しておくことは極めて重要です。場合によっては不当に安い価格で株式が譲渡されてしまうケースもあります。どのように事業価値を算定するのかを知っておくだけでも、実際の交渉の場面で優利になる可能性が高いと実感しています。

わたしは、長年銀行員として多くの企業と取引し、また実務家として大企業やベンチャーで新規事業を立ち上げてきました。また、ベンチャーキャピタリストとしても約4年間で投資先十余社の上場のお手伝いをしてきました。さらには大学教授として大学やＭＢＡ（経営学修士）、セミナーなどでもビジネスモデルの構築方法について教え、経営コンサルタントとしても数多くの新規事業立ち上げをお手伝いしています。もちろん、自らも起業しています。そうした経験から学んだことを、本書では、すべてお伝えしたいと思います。

実際に事業を立ち上げることは非常に勇気と根気が必要なことです。本当に予想もしないような困難の連続に遭遇するものなのです。また、いったんうまくいき始めてもその継続にも相当な困難をともないます。成功した人の多くは失敗も多くしているというのが本当のところではないでしょうか。いかに多くのチャレンジを行えるかが、成功へのただひとつの道ではないかと思います。

もちろん、できるだけ失敗をしない方がよいのは当然ですし、成功確率を上げるためにはある程度の技術やノウハウ、知識が必要です。本書ではそうした成功事例から学べる具体的で実践的な内容をできるだけ平易に書きました。実際に本書のステップに基づいて、できれば数人の同僚や仲間と一緒にワークショップ（勉強会）を行っていただきたいと思います。知ること、理解することと、実際に使えることはまったく次元が異なることです。実際に本書を基に手を動かし、新規事業を描いてみてください。

平野敦士カール

装丁／細山田光宣＋天池 聖
（細山田デザイン事務所）
イラスト／長場 雄
帯写真：ゲッティ イメージズ

カール教授の
ビジネス集中講義

ビジネスモデル

Business Model

平野敦士カール

第1章

ビジネスモデルを考える前に

Part 1

Before You Think about the Business Model

ビジネスモデルとは、一言でいえば「もうけの仕組み」のことです。実際にビジネスモデルを考えていく前に、経営者・新規事業担当者として知っておくべき項目をまとめました。

ビジネス成功の鍵
The Key to Business Success

10年続く企業は1割という現実を知る

ビジネスモデルを構築する際、経営者でも新規事業担当者でも、まず、「何のために起業や新規事業を起こし、どのようなことを実現し社会に貢献したいのか」という根本的な点を明確化することが何よりも重要です。業務命令だからなのか、個人としてお金もうけをしたいからなのか、自分の好きなことをしたいのか、ヒトに使われるのが嫌だからなのか、それとも誰かに頼まれたからなのかなど、人によってさまざまな理由があると思います。

人間の欲求については下図の**マズローの欲求5段階説**が有名です。人間は段階的に欲求の段階を上っていくのであり、最終的には自己実現欲求に至るというものです。

大切なことは、そうした最終的な自分の目的や欲求を常にしっかりと認識することと、本当に起業や新規事業を起こす

マズローの欲求5段階説

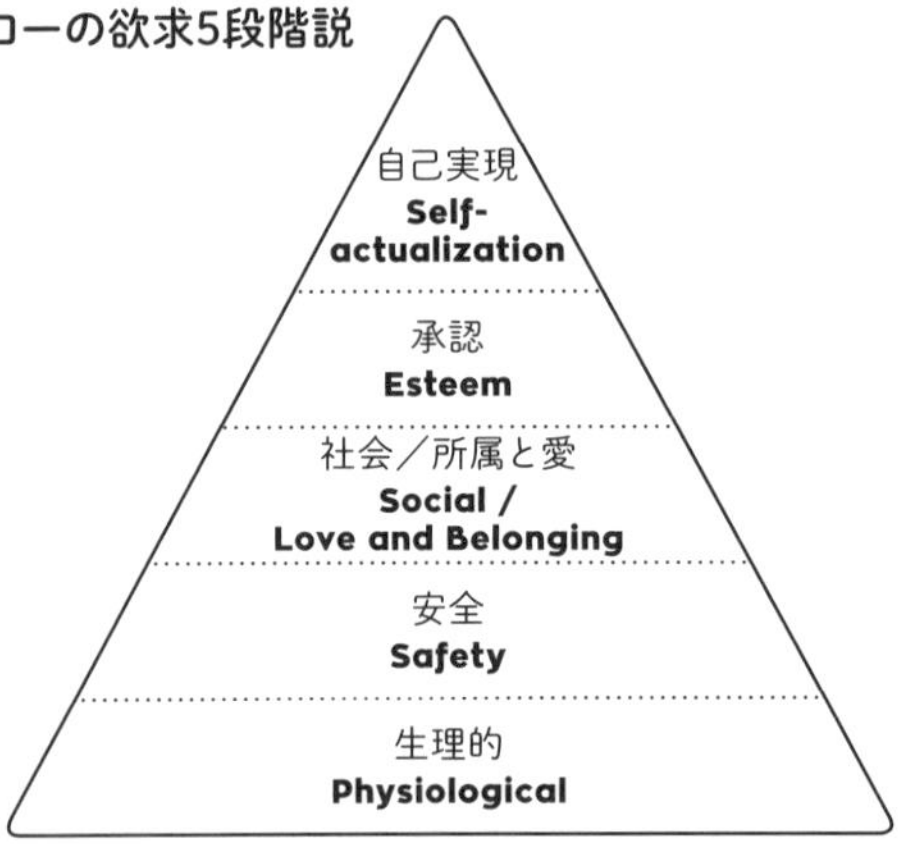
自己実現
Self-actualization
承認
Esteem
社会／所属と愛
Social / Love and Belonging
安全
Safety
生理的
Physiological

ことがその目的のためになるのだ、という**本気の覚悟**を持つことです。お金もうけが目的であればもっと低リスクで高リターンの投資もあるかもしれません。社会貢献であればボランティア活動をする方法だってあります。ぜひご自分の本当の気持ちを再確認してください。

なぜならば、経済産業省の『中小企業白書』によれば起業後に倒産する会社の割合は、1年で約4割、3年で約6割、10年では約9割にも達するからです。わずか1割の会社しか10年後には存続できていないのです。また成功して上場を果たしても、上場企業は毎年数社から多い年には30社近くも倒産しています。事業の成功を継続させることは生易しいことではないのです。本気で全力を傾けることができるかを再確認しましょう。

ポイント

新規ビジネスモデルを成功させる秘訣《ひけつ》は、本気の覚悟と情熱とスピードです！

何のために起業や新規事業を起こしたいのかを確認することが一番大切です。

「ひとり社長」か「上場」か

Personal Platform or IPO

ビジネスを動かすのは、情熱とスピード

スポーツ用品大手ナイキの創業者フィル・ナイトは「レストランを開きたいと思っても、厨房《ちゅうぼう》で1日23時間働く覚悟がなかったらやめた方がいい」という名言を残しています。さすがに睡眠時間はきちんと取るべきですが、人生のすべてを賭けて挑戦するくらいの情熱は、たとえサラリーマンとして新規事業を担当する際でも必要です。

大企業のビジネスパーソンと起業家の一番の違いは情熱とスピードです。起業家は土日でも夜中でも24時間ほぼすべて事業のことを考え、常にスピード感を持って行動している人ばかりです。その熱い思いがまわりを動かすのです。

自己実現のための起業であれば、たとえば最近流行の「熟年起業」という脱サラや定年後に個人が起業するものがあります。従業員も雇わない「ひとり社長」として生きがいを求

Book

『パーソナル・プラットフォーム戦略』平野敦士カール著

自分をプラットフォーム化して、何が起きても生きていける、「ひとり社長」になるための入門書。

Key person

フィル・ナイト（1938〜）
Phil Knight

アメリカ・オレゴン州ポートランド生まれ、ナイキの創業者。ロゴマークのスウッシュをはじめ、ナイキを世界的企業にした数々の戦略で知られる。名言多数。

© Getty Images

めるライフスタイルを目指すもので、拡大志向を目指す新規事業とは異なるものになります。なるべくリスクを小さくする形態で、それまでの経験を生かし好きなことを仕事にするのがよいでしょう。

一方、企業で新規事業を起こしたり、自ら起業し多くの雇用を生み出し上場などを目指す場合は、本書でご説明する方法が有効です。経営学者イゴール・アンゾフは、製品―市場マトリックス（拙著『カール教授のビジネス集中講義　経営戦略』㉔を参照）を提唱しました。これは下図のように市場と製品の2軸を設定して、それぞれ既存・新規と分けることにより、新規事業の戦略を市場浸透、新製品開発、新市場開拓、多角化の4つの象限に分類したものです。この中で最も難しいのは新規市場に新製品を投入する多角化です。

ポイント

「ひとり社長」と上場を目指す起業では、根本的な発想の違いがあることに注意が必要です。

アンゾフの製品―市場マトリックス

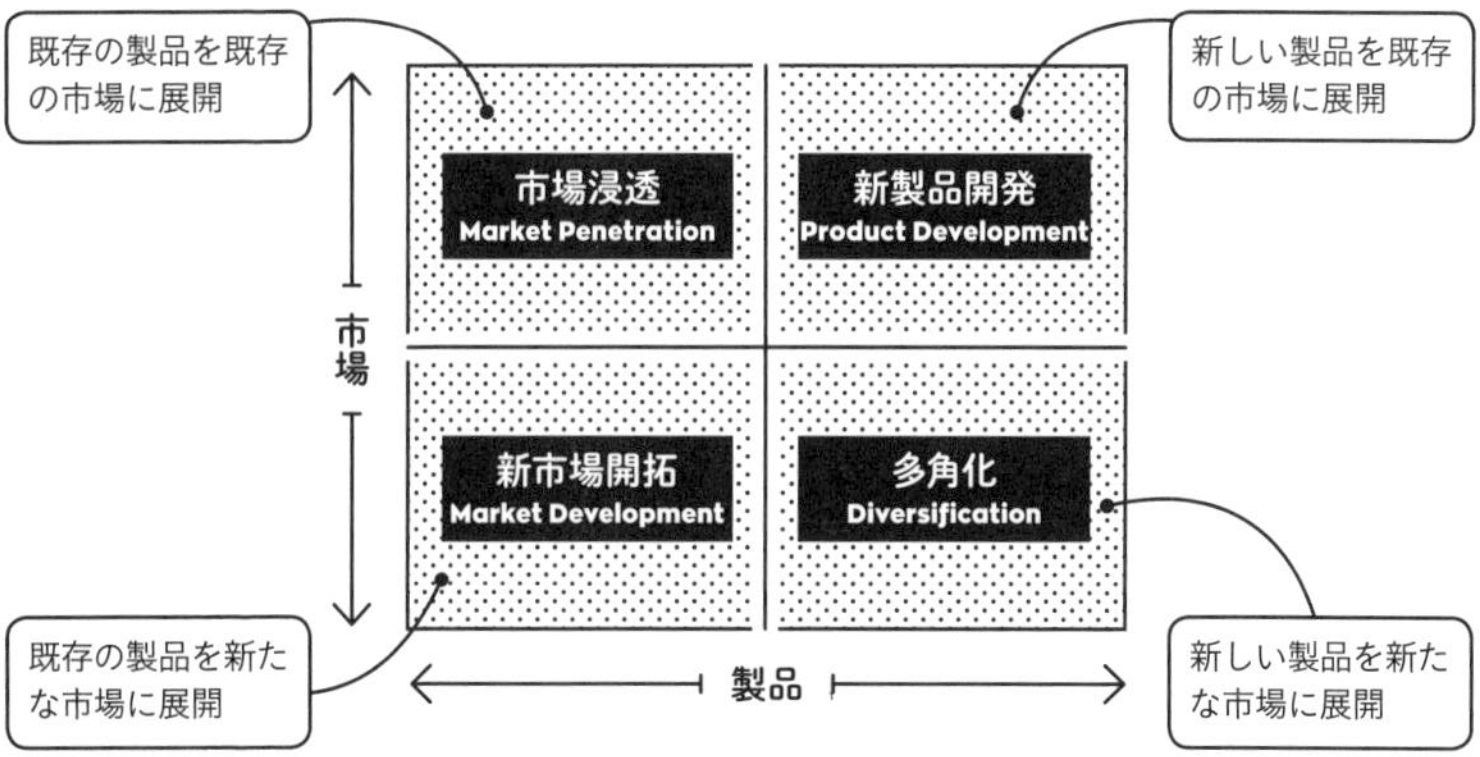
既存の製品を既存の市場に展開
新しい製品を既存の市場に展開
市場浸透
Market Penetration
新製品開発
Product Development
新市場開拓
Market Development
多角化
Diversification
市場
製品
既存の製品を新たな市場に展開
新しい製品を新たな市場に展開

破壊的イノベーションと持続的イノベーション

Disruptive Innovation and Sustaining Innovation

すべての企業にはイノベーションが必要

GE（ゼネラル・エレクトリック）の元カリスマ経営者であるジャック・ウェルチ氏は、「わが社が今日どの位置にいるかは何の慰めにもならない。今成功している企業を含めて、競合他社よりも速く前進していなければその企業はすでに死んでいるのであり、まだ呼吸が止まっていないだけだ。すべての企業は常にイノベーションを生み出さなければ明日はない」と述べています。新規事業はリスクが高いと説明しましたが、企業は常に新規事業を生み出す仕組みをつくらなければ未来はないのです。

ハーバード・ビジネス・スクール教授のクレイトン・クリステンセンの提唱する「イノベーションのジレンマ」（「経営戦略」57）に陥る可能性はどの企業にもあるでしょう。イノベーションのジレンマとは下図の通りです。すなわち、優良

イノベーションのジレンマ

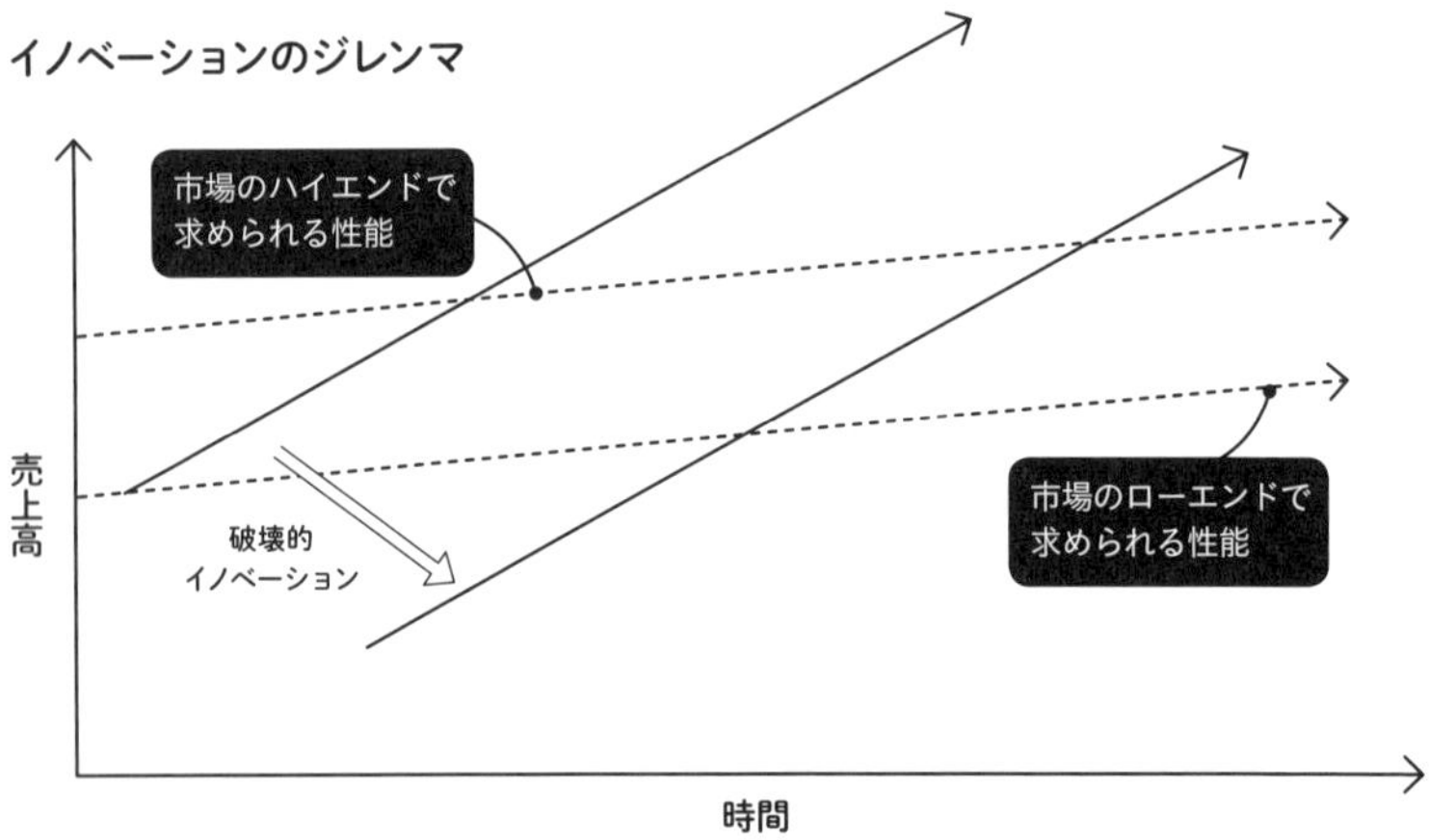
市場のハイエンドで
求められる性能
市場のローエンドで
求められる性能
破壊的
イノベーション
売上高
時間

企業は目の前の顧客のニーズに答えようと、現在の自社の製品の改良を進める持続的イノベーションに集中してしまいます。一方でベンチャーなどの他のプレーヤーが破壊的イノベーションを持つ商品を市場に投入しても、初めは市場規模、利益額、利益率ともに小さく、また性能なども劣るために、優良企業はその存在を軽視します。しかし次第に破壊的イノベーションの技術や商品が進化していくことでいつの間にか優良企業の従来製品の価値は毀損《きそん》されていき、最後には新興企業の前に力を失ってしまうというジレンマです。

クリステンセン教授は著書『イノベーションのジレンマ』で、優れたイノベーター（革新的なアイデアの持ち主）には「関連づける力」「質問力」「観察力」「実験力」「人脈力」の5つの力があるとしています。

ポイント

すべての企業は常にイノベーションを生み出していかなければならないのです。

上記の5つの力は一部の才能ある人だけではなく、誰しも後天的に身につけられると言っています。

Book

Harvard Business School Press
The Innovator's Dilemma
イノベーションのジレンマ
クレイトン・クリステンセン
イノベーションはこの本から始まった！
Thinkers50

『イノベーションのジレンマ――技術革新が巨大企業を滅ぼすとき』クレイトン・クリステンセン著
ハーバード・ビジネス・スクールの教授である著者による名著。大手企業に必ず訪れるという「ジレンマ」を解き明かす。

大企業とベンチャー企業の違い

Large Companies or Venture Companies

まずは多くのビジネスモデルを知る

大企業における新規事業とベンチャー企業でも大きな違いがあります。大企業では新規事業を始めたばかりの時期の売上は本業に比べて非常に小さいため、従来の評価基準によって判断されると、すぐに撤退することもあります。また、「ことなかれ主義」の社風から生まれる社内の抵抗勢力との戦いなども起きます。

そのような場合、経営トップの強いコミットの下、外部の人間の登用や独立した組織の編成、チャレンジを奨励するような人事評価の採用などの全社的な取り組みが大切です。

他方、ITベンチャーのようにITの進化によって起業に必要なコストが劇的に低下していることで、日本でも起業ブームが再来しています。これらの起業についてはリーンスタートアップやゼロ・トゥ・ワン（「経営戦略」❹）などのア

Company

Yコンビネーター

Y Combinator
2005年に設立されたカリフォルニア州のベンチャーキャピタル。他のスタートアップファンドに比べ、2万ドル前後の少ない投資額が特徴。ドロップボックス社への投資でも有名。

Book

『ゼロ・トゥ・ワン――君はゼロから何を生み出せるか』ピーター・ティール他著
シリコンバレーで絶大な影響力を持つピーター・ティールが、母校スタンフォード大学で行った起業講義録。

Book

『リーンスタートアップ』エリック・リース著
シリコンバレーで生まれた注目のマネジメント手法を解説。構築・計測・学習というフィードバックループを通して、顧客も製品・サービスを生み出し育てていく。

メリカの実例が紹介されている書籍が参考になるでしょう。
また、スタートアップ教育についてはYコンビネーターなどの成功例も出てきています。

本書でも多くの企業の事例を第3章の「7ステップ」で紹介していますが、成功している企業のビジネスモデルについて学ぶことは極めて重要です。

多くのビジネスモデルを掲載した書籍としては、早稲田大学ビジネス・スクールでご一緒している山田英夫教授の『異業種に学ぶビジネスモデル』、拙著『図解　カール教授と学ぶ成功企業31社のビジネスモデル超入門！』がおすすめです。

世の中のビジネスモデルの多くは、すでに存在しているビジネスモデルを組み合わせたものです。まずはしっかりと成功事例を学びましょう。

ポイント

競合はもちろん、まったく別のジャンルにいる他企業のビジネスモデルから学ぶことは多々あります。

Book

『図解　カール教授と学ぶ成功企業31社のビジネスモデル超入門!』平野敦士カール著

さまざまな企業の新規事業の立ち上げのコンサルティングを行っている著者が、誰にでもわかりやすくビジネスモデルを解説。最新事例を学ぶことができる。

Book

『異業種に学ぶビジネスモデル』山田英夫著

どのようにすればもうかる仕組みを移植できるのか。他社から学ぶためのヒントを探るビジネスモデルの例が満載。

Question 05

従業員も雇わず、自分をプラットフォーム化して生きる事業形態を＿＿＿＿＿＿という。

Question 06

製品―市場マトリックスを提唱したのは経済学者の＿＿＿＿＿＿＿＿。

Question 07

製品―市場マトリックスとは、市場と製品の２軸を設定して、既存・新規と分けることにより、新規事業の戦略を＿＿＿＿、＿＿＿＿＿、＿＿＿＿＿、＿＿＿の4つの象限に分類したもの。

Question 08

ハーバード・ビジネス・スクール教授のクレイントン・クリステンセンがイノベーションについて著した名著が＿＿＿＿＿＿＿＿＿＿＿。

Question 09

優良企業が顧客のニーズに応えようと自社の製品の改良を進めることを＿＿＿イノベーションという。

Question 10

ベンチャー企業などが徐々に従来製品の価値を毀損していくことを＿＿＿イノベーションと呼ぶ。

Question 11

クリステンセン教授によれば、優れたイノベーターは＿＿＿＿＿＿、＿＿＿、＿＿＿、＿＿＿、＿＿＿の5つの力を備えている。

Question 12

新規事業は「構築・計測・学習」を高速回転することが大切。これを＿＿＿＿＿＿＿＿＿＿と呼ぶ。

Examination

Part 1

「ビジネスモデル」テスト

ビジネスモデルを考える前に押さえておくべきことを知ろう！

第1章ではビジネスモデルを考える前に必要なことを学びました。上場を目指すのか、ひとりで事業を展開するのか。目指す事業形態によって、ビジネスモデルも変わってくるのです。それでは、「おさらい」してみましょう。

＊設問の答えは28ページに掲載しています

Question 01

人間の欲求についての有名な説が________の5欲求段階である。

Question 02

5段階欲求とは、下から順に______欲求、____欲求、________欲求、____欲求、________欲求の５つである。

Question 03

『中小企業白書』によれば、起業後に倒産する会社の割合は、1年で約__割、3年で約__割、10年では約__割になるといわれている。

Question 04

脱サラや定年後に個人が起業するスタイルを_______という。それまでの経験を生かしてリスクを小さくする形態が向いている。

Answer
Part 1

Question		
Question 01	□	人間の欲求についての有名な説が**マズロー**の5欲求段階である。
Question 02	□	5段階欲求とは、下から順に**生理的**欲求、**安全**欲求、**所属と愛の**欲求、**承認**欲求、**自己実現**欲求の５つである。
Question 03	□	『中小企業白書』によれば、起業後に倒産する会社の割合は、1年で約**4**割、3年で約**6**割、10年では約**9**割になるといわれている。
Question 04	□	脱サラや定年後に個人が起業するスタイルを**熟年起業**という。それまでの経験を生かしてリスクを小さくする形態が向いている。
Question 05	□	従業員も雇わず、自分をプラットフォーム化して生きる事業形態を**ひとり社長**という。
Question 06	□	製品―市場マトリックスを提唱したのは経済学者の**イゴール・アンゾフ**。
Question 07	□	製品―市場マトリックスとは、市場と製品の２軸を設定して、既存・新規と分けることにより、新規事業の戦略を**市場浸透**、**新製品開発**、**新市場開拓**、**多角化**の4つの象限に分類したもの。
Question 08	□	ハーバード・ビジネス・スクール教授のクレイントン・クリステンセンがイノベーションについて著した名著が『**イノベーションのジレンマ**』。
Question 09	□	優良企業が顧客のニーズに応えようと自社の製品の改良を進めることを**持続的**イノベーションという。
Question 10	□	ベンチャー企業などが徐々に従来製品の価値を毀損していくことを**破壊的**イノベーションと呼ぶ。
Question 11	□	クリステンセン教授によれば、優れたイノベーターは**関連づける力**、**質問力**、**観察力**、**実験力**、**人脈力**の5つの力を備えている。
Question 12	□	新規事業は「構築・計測・学習」を高速回転することが大切。これを**リーンスタートアップ**と呼ぶ。

第2章

ビジネスモデル発想法

Part 2

Business Model Thinking

ビジネスモデル構築方法の前に、新しい製品・サービスを生み出すための発想法を学びましょう。アイデアはひらめきだけではなく、スキルとして身につきます。

製品・サービスとビジネスモデル

Products and Services & Business Models

ビジネスモデルにはアナロジー思考が必要

新しい製品・サービスを生み出すのとビジネスモデルを構築するのとでは発想法は異なります。新しく画期的な製品・サービスを生み出すためには、これから説明する水平思考やマトリックス思考などさまざまなものがあります。

注意しなければならないことは、革新的な製品・サービスはヒットすればするほどすぐに模倣されてしまうリスクが高いことです。そのため他社が模倣しにくいように特許や意匠権などの法的な権利を確保する、登録商標などを取得した上で一気に市場を制することでデファクトスタンダード（拙著『カール教授のビジネス集中講義 経営戦略』58を参照）化する、などが必要になります。しかしいずれは必ず模倣され価格競争に突入していくので、さらに新しいイノベーションを生み出し続けていくことでブランドなどの差別化を図ること

Keyword

デファクトスタンダード

de Facto Standard
標準化団体が定めたわけではなく、市場競争の結果、世界的に「事実上の標準」とみなされるようになった規格や製品のこと。

が重要になります。

一方ビジネスモデルを構築するにあたっては、**「アナロジー思考」**が重要です。アナロジーとは「類推」のこと。転じて、アナロジー思考とは、すでにあるビジネスモデルを他の業種に適用することで、新たなビジネスモデルを生み出す考え方です。世の中のビジネスモデルの80%は、他業種にある業態のまねだともいわれます。イノベーションはすでにある事業を組み合わせたものがほとんどです。

たとえば、パソコンのプリンターの本体を安くしてインクで稼ぐというビジネスモデルは、カミソリの柄を安くして刃でもうけるという**「カミソリの刃」モデル**を転用したものですし、オフィスで気軽にお菓子が買える**オフィスグリコ**は、富山の置き薬と同じビジネスモデルです。

私がNTTドコモにいたときに担当した**おサイフケータイ**を使ったクレジット事業も、アナロジー思考で生まれた例。これは、「プラスチックのクレジットカードを、携帯電話に置き換えられないか？」という点から発想したものです。

また、以前、企業向けの戦略論である「プラットフォーム

「ふなっしー」の動きもロック歌手のアナロジーといわれています。

Book

アナロジー
思考
細谷 功

『アナロジー思考』細谷功著
すべての思考は、「類推」から始まる。ベストセラー『地頭力を鍛える』の著者が「考える」ことの原点を示す。

戦略®」を個人の人生の戦略に応用した『パーソナル・プラットフォーム戦略』という本を書いたのですが、これもアナロジー思考のひとつの例です。ゆるキャラとして絶大な人気を誇る**「ふなっしー」**のジャンプする動きや決めぜりふの「梨汁ブシャー!」は、着ぐるみの中の人がヘビーメタルミュージシャンであるオジー・オズボーンを参考にしていると語っています。

アナロジー思考で成功するビジネスモデルを生み出すポイントは、そのまままねするだけでなく、何か新たな価値を付け加えることです。

たとえば、「おサイフケータイを使ったクレジット」なら、単にクレジットカード代わりにできるだけでなく、従来のカードではできなかった少額決済を可能にしたり、携帯電話を紛失した場合には通信会社に連絡すれば複数のクレジットカードの利用をすぐに停止することができるといった具合です。そのまままねすることは誰でも考えつきますから、それでは差別化はできません。新たな価値をつけることが大切です。

ひとつのビジネスモデルからまねできることは、ひとつだ

アナロジー思考の視点

自社の会社で適用できないか、
自社の商品に適用できないか、と考える

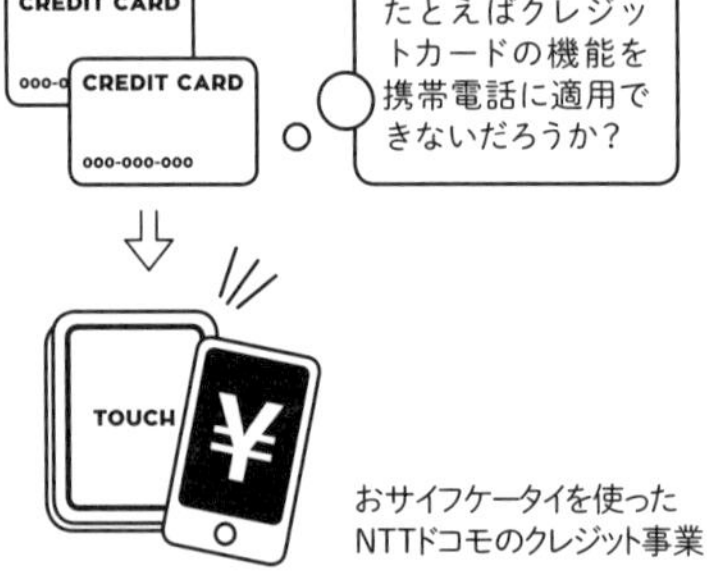

おサイフケータイを使った
NTTドコモのクレジット事業

けではありません。たとえば、下の図を見てください。上の★と△は、下にある左右の図のどちらに似ているでしょうか。正解は「両方」。左は図形が同じであるのに対し、右は大きさのバランスが似ているわけですね。

同様に、ひとつのビジネスモデルからも、さまざまな要素を抜き出せます。前述のオフィスグリコなら、「無人販売」「商品を出張して売る」「歩く手間を省くビジネス」「小腹を満たすビジネス」などの見方ができます。できるだけ抽象的な要素を抜き出すと、自分の業種に転用しやすくなるでしょう。

携帯電話の料金は通常翌月以降に加入者に請求します。ある意味これは加入者に与信（貸していること）を行っているのと同じです。つまりクレジットカード会社の仕事と極めて似ているのです。

ポイント

新しい製品・サービスとビジネスモデル構築で、発想法は異なります。

レンタルビデオは銀行の融資のアナロジーから生まれたといわれています。融資ならば1万円を10%で貸しても年間1000円にしかなりませんが、原価が2000円程度のビデオを1日レンタルすると100円、1年間ならば3万6500円にもなると考えたのです。

アナロジー思考の使い方

POINT 構造的な類似点を探す、抽象化思考が必要

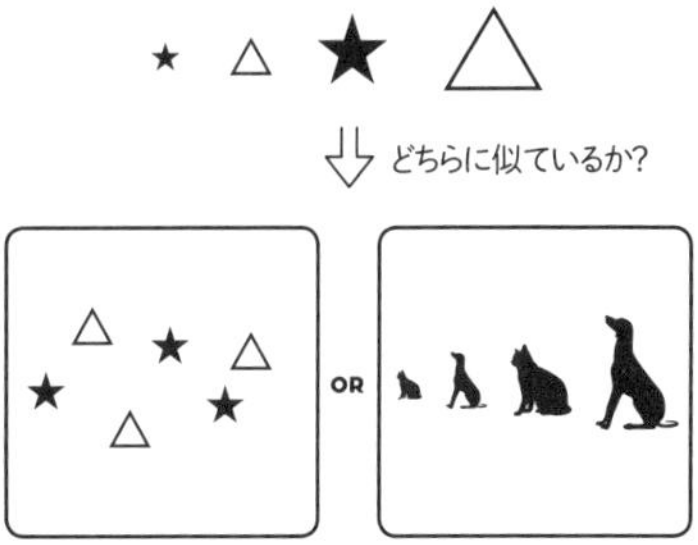
どちらに似ているか?
OR

「似ている」にも複数のパターンがある

イノベーションを生み出す16の発想法

16 Types of Innovation Thinking

発想を助けるフレームワーク

新しい製品・サービスを生み出す際に、発想を助けるフレームワークを使うと考えやすくなります。以下で代表的な発想法を16点、ご紹介します。さまざまな方法を併用することで、多様な発想が生まれてくるはずです。

❶ 水平思考

Lateral Thinking

イギリスのエドワード・デ・ボノが提唱した発想法。ロジカルシンキング（論理的思考）のような既成の枠組みに従って考えること（垂直思考）から離れ、さまざまな角度から自由に思考をめぐらせることで、新たな発想を導き出します。『コトラーのマーケティング思考法』によれば、水平思考は、次の3つのステップで実行します。

Book

『コトラーのマーケティング思考法』フィリップ・コトラー著
マーケティングの大家、フィリップ・コトラーが思考法を解説。伝統的なマーケティング思考法は垂直思考で、それを補完する水平思考の有効性を提唱する。

ビジネスでは、論理的ではない自由な発想が貴重です。

①フォーカスを選択する

フォーカスとは思考の対象として注目すべきもののこと。そのフォーカスの特性を考えます。たとえば花なら「香りがいい」「色がきれい」「枯れる」などです。

②水平移動により、ギャップ（＝刺激）を誘発する

①で考えた特性をひとつ選び出し、変化を加えます。変化のさせ方には、「逆転」「代用」「結合」「強調」「除去」「並べ替え」があります。たとえば、花の特徴である「枯れる」を「逆転」させると、「いつまでも枯れない」となります。フォーカスしたもの（花）とここで導き出したキーワード（いつまでも枯れない）には隔たりがあることから「ギャップ」と呼びます。

③ギャップを埋める方法を考える（連結する）

たとえば「花」なら、「いつまでも枯れない」方法を考えます。すると、「枯れない花＝造花」などの答えが出てきます。

下の図で他の例も挙げたので、参考にしてみてください。

水平思考の例

「バレンタインデーに最愛の人にバラの花を贈る」ことを、水平思考で考えてみると……

逆転 Reverse	⇨	バレンタインデー以外の日にバラの花を贈る
代用 Substitution	⇨	バレンタインデーにレモンを贈る
結合 Join	⇨	バレンタインデーにバラの花と鉛筆を贈る
強調 Emphasis	⇨	バレンタインデーに何十本ものバラの花を贈る もしくは1本だけ贈る（縮小方向の強調）
除去 Removal	⇨	バレンタインデーにバラの花を贈らない
並べ替え Sorting	⇨	バレンタインデーに、男性が女性にバラの花を贈る

『コトラーのマーケティング思考法』P126を基に作成

❷マトリックス思考

Matrix Thinking

マトリックスを使ってキーワードを掛け合わせることで、新たな発想を生み出す方法です。

まずは、自分が手がけたいと考えているビジネスの**本源的価値**（Intrinsic Value）を見つけ出すことから始めます。

本源的価値とは、そのビジネスがお客に対して与える究極的な価値のこと。たとえば「安心」「悩みの解消」「心地よい」「便利」「優越感」「楽しい」などが挙げられます。具体的には、自分が手がけたいと考えているビジネスのカテゴリーでヒットしているビジネスを書き出して、それらの本源的価値を抜き出してみましょう。

本源的価値を見つけ出したら、それらをマトリックスの縦軸に並べます。そして横軸には自分がつくりたいビジネスを置きます。そしてその2つを掛け合わせるのです。その例を示したのが下の図です。こうすると、さまざまなアイデアが浮かんできます。

マトリックス思考の例

つくりたい商品／本源的価値	ディズニーランドのような娯楽施設
悩みの解消	さまざまな占いをそろえたテーマパーク
優越感	1日10組限定の遊園地
健康によい	多様なマッサージを少しずつ お試し体験できるマッサージのテーマパーク

❸ブレインストーミング

Brainstorming

大手広告会社の会長だったアレックス・オスボーンが考案。皆でテーマに沿って、ざっくばらんにアイデアを出し合うことで、新たな発想を生み出す方法です。日本でも略語の「ブレスト」が定着しているので、実践している方も多いのではないでしょうか。

斬新な発想を生み出すポイントは、アイデアを広げること（発散）とまとめること（収束）を同時に行わずに、別々に行うこと。そのためには、以下の4つのルールを守ることを意識しましょう。

①批判しない

人のアイデアを批判すると、自由な発想が生まれにくくなります。

②自由に発言する

「こんなことを言ったらバカだと思われるのでは？」などと

斬新な発想を生み出すポイント

① 批判しない	**No Criticism of Ideas**
② 自由に発言する	**Speak Freely**
③ 質より量を重視	**Quantity than Quality**
④ 連想と結合する	**Bind to Association**

Book

『創造力を生かす ── アイディアを得る38の方法』アレックス・F・オスボーン著

「ブレインストーミング」の生みの親が語る、創造的思考のすすめとアイデアを得る38の方法。

自分で制限しないで、思いついたことをどんどん言いましょう。他のアイデアを生む助けになることがあります。

③質より量を重視

できるだけ多くのアイデアを出すことで、よいアイデアが見つかりやすくなります。

④連想と結合する

他人のアイデアから連想したり、人のアイデアに自分のアイデアを加えたりするのもアリです。

アイデアは、皆が見られるよう、ホワイトボードなどに書き込んでいきます。出し尽くしたら、アイデアをまとめていきましょう。

❹ KJ法

KJ Method

文化人類学者の川喜多二郎氏が開発した、アイデア発想法。川喜多氏のイニシャルからこの名前がつきました。小さなカードを使い、以下の手順で行います。ブレインストーミングなどで得られた発想を整理する「収束」の段階で役立ちます。

Book

川喜田二郎著
発想法
創造性開発のために
中公新書
136

『発想法 ── 創造性開発のために』川喜多二郎著
1967年発行。著者は文化人類学のフィールドワークを行った後で、集まった膨大な情報をいかにまとめるか試行錯誤を行い、カードを使ってまとめていく方法「KJ法」を考案した。

ブレストでは、決して人の意見を批判しないこと！

①テーマに関するアイデアをカードに書き出し、テーブルに並べる

②似た内容のカードを集めて、グループをつくり、それぞれにタイトルをつける

③さらにそのグループを比べて、似たもの同士をまとめて、タイトルをつける。グループは、10グループ以内に収める

④③でまとめたカードのグループを、関係性のあるグループが近くに来るように、並べ替える

⑤グループ内でカードを分けて配置し、グループ同士と小さなカード同士の関係性を線や記号を使って示す

⑥どのグループが最も重要か、順位をつける

以上の手順を踏むことで、収束ができます。

注意したいのは、とがったアイデアを強引にグループ分けすると埋もれてしまうこと。ムリにグループに入れないようにしましょう。

KJ法とは

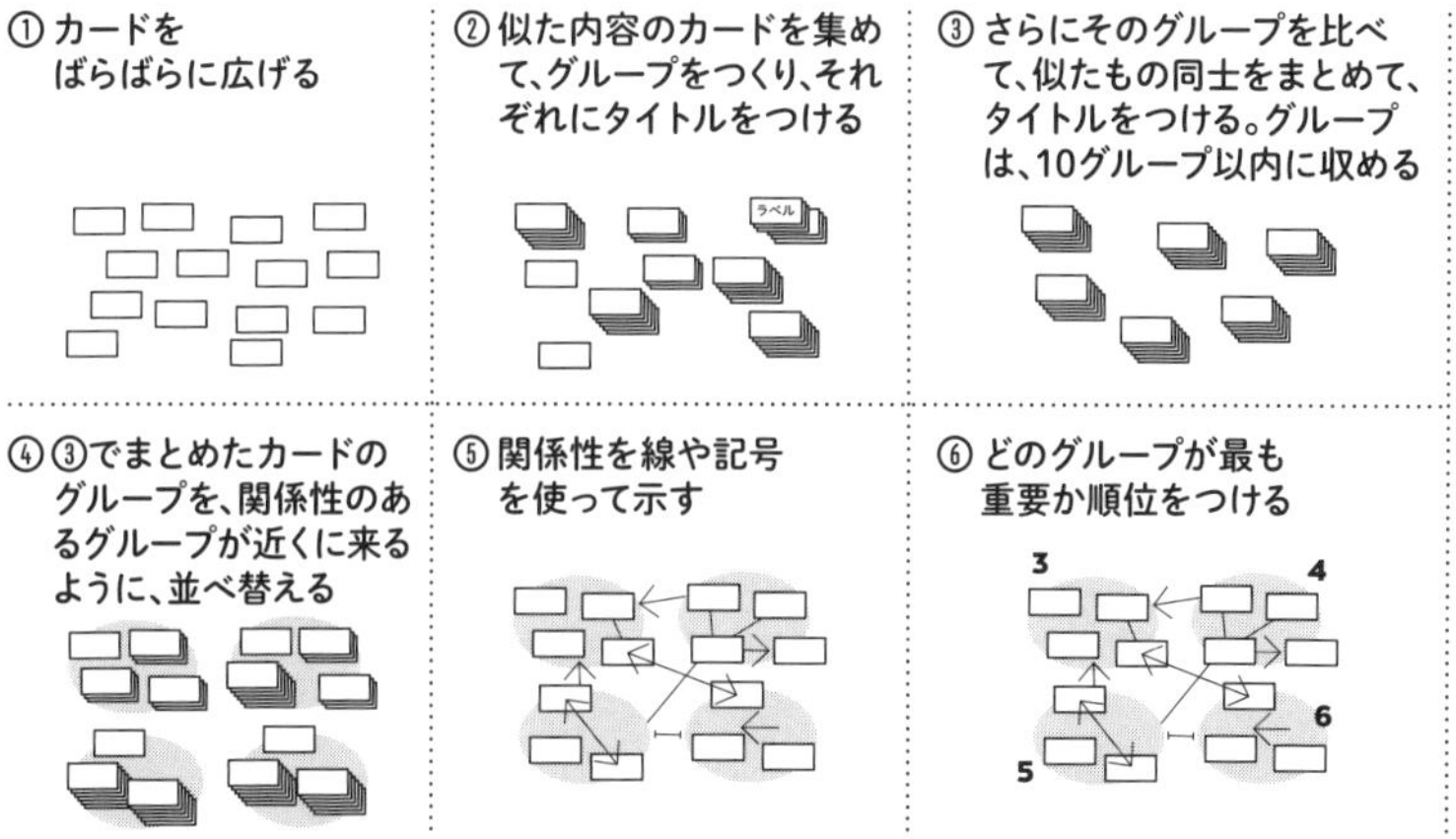
①カードを
ばらばらに広げる
②似た内容のカードを集めて、グループをつくり、それぞれにタイトルをつける
ラベル
③さらにそのグループを比べて、似たもの同士をまとめて、タイトルをつける。グループは、10グループ以内に収める
④③でまとめたカードのグループを、関係性のあるグループが近くに来るように、並べ替える
⑤関係性を線や記号を使って示す
⑥どのグループが最も重要か順位をつける
3
4
6
5

❺ NM法

NM Method

創造工学研究所の中山正和氏が開発したアイデア発想法です。次の手順で行います。

①課題に関するキーワードを決める

その課題の本質をよく表し、連想しやすい言葉を設定します。動詞や形容詞がよいでしょう。たとえば、飲食店のビジネスモデルなら「食べる」「くつろぐ」などが考えられます。

②キーワードから似たものを連想する

たとえば、「食べる」なら、朝食、食卓、消化。「くつろぐ」なら、ホテル、温泉、自宅などが考えられます。

③②で連想した言葉の背景にある要素や構造、働きを考える

たとえば、朝食・食卓・消化からは、和食、ブュッフェ、調味料、胃薬などが考えられます。ホテル・温泉・自宅からは、寝る、ルームサービス、あたたまる、楽な服装などが考えられるでしょう。

④③で出た言葉を課題に照らし合わせてアイデアを発想する

NM法

① 課題に関するキーワードを決める
② キーワードから似たものを連想する
③ ②で連想した言葉の背景にある要素や構造、働きを考える
④ ③で出た言葉を課題に照らし合わせてアイデアを発想する

飲食店と、「調味料」「楽な服装」などと組み合わせていくと、「調味料が１００種類用意されたレストラン」「着替えの用意された店」などが考えられます。

❻ オスボーンのチェックリスト

Osborn's Checklist

「ブレインストーミング」を生んだオスボーンが開発した発想法です。自分が抱えているテーマについて、次のチェック項目に答えていくことで、アイデアを生み出します。この問いをさらに細かくしたＳＣＡＭＰＥＲ（スキャンパー）法もあります。

①他に使い道はないか？
②応用できないか？
③変更したらどうか（色や形、音、様式など）？
④拡大できないか？
⑤縮小・削除できないか？
⑥代用できないか？

オスボーンのチェックリスト

①他に使い道はないか？ **Put to other uses? As it is?**

②応用できないか？ **Adapt? Is there anything else like this?**

③変更したらどうか（色や形、音、様式など）？ **Modify? Give it a new angle?**

④拡大できないか？ **Magnify? Can anything be added, time, frequency, height, length, strength?**

⑤縮小・削除できないか？ **Minify? Can anything be taken away?**

⑥代用できないか？ **Substitute? Different ingredients used?**

⑦アレンジし直したらどうか？ **Rearrange? Swap components?**

⑧逆転させてみたらどうか？ **Reverse? Opposites? Backwards?**

⑨結合してみたらどうか？ **Combine? Combine units, purposes, appeals or ideas?**

⑦アレンジし直したらどうか？
⑧逆転させてみたらどうか？
⑨結合してみたらどうか？

❼ マンダラート

Mandal-Art

デザイナーの今泉浩晃が開発した発想法。3×3のマトリックスを使って、発想します。手順は次のとおりです。

①3×3のマトリックスの真ん中にテーマを記入する
②真ん中のテーマから思いついたことを、まわりの8マスに記入する
③8つのマスに書いたキーワードの中から、ひとつ抜き出し、新たな3×3のマトリックスの真ん中に記入する
④②と③を繰り返して、多くのアイデアを生み出す

❽ トヨタの5回の「なぜ」

5 Times of "Why"

「5回のなぜ」とは、トヨタ自動車の大野耐一が著書『トヨ

マンダラートの例

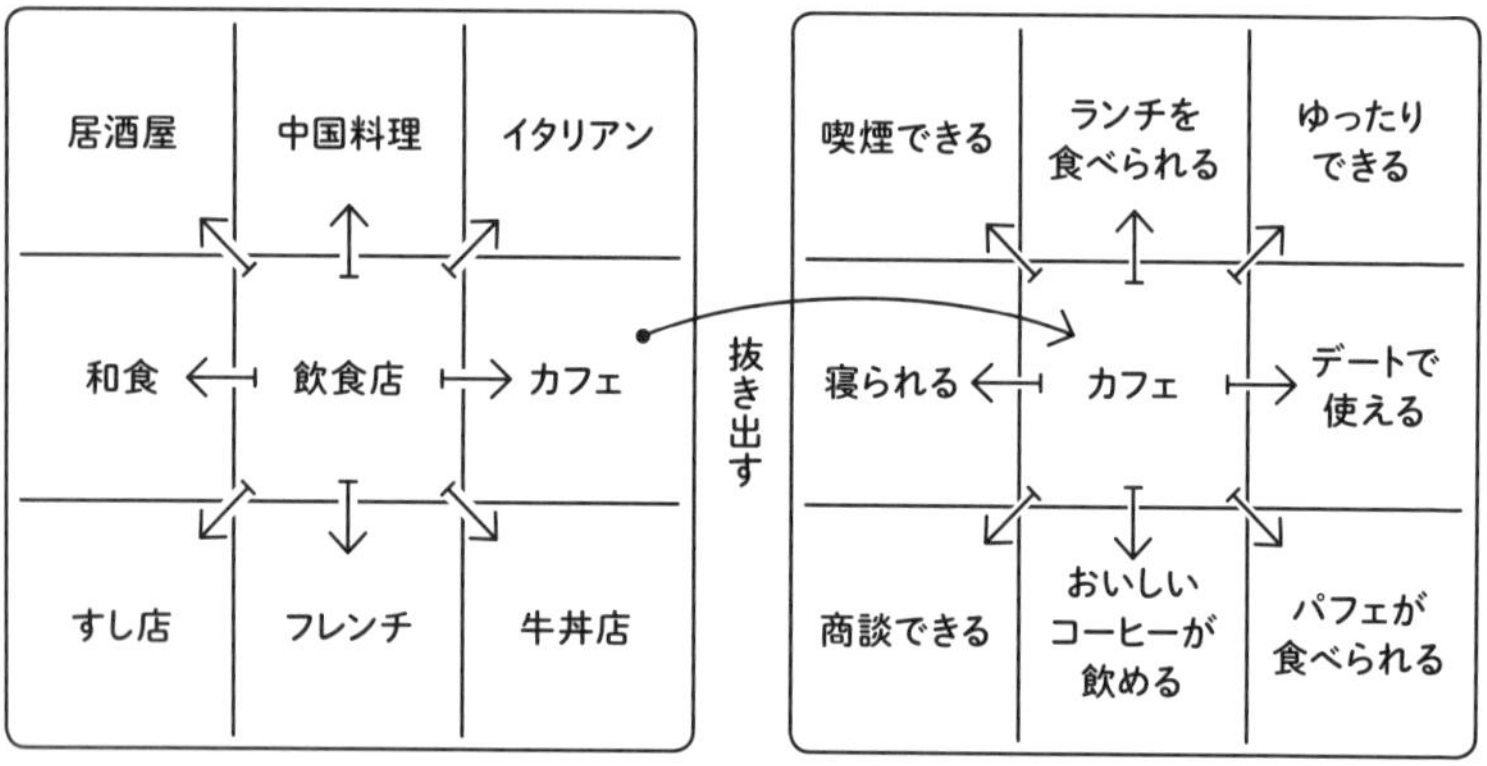

タ生産方式』で語った、トヨタ自動車の問題解決法のこと。何か問題が起きたときに、「なぜ」→「なぜならこうだから」を5回繰り返すことで、真の原因を突き止めます。

製品・サービスを考えるときでも、顧客のニーズについてなぜを繰り返すことで、真のニーズがつかめ、新製品・サービスのヒントが得られるでしょう。

❾トゥリーズ法

Triz

ソビエト連邦（現ロシア）海軍のゲンリッヒ・アルトシュラーが中心になって開発した発想法です。彼と同僚たちは、膨大な特許データを分析して、40の発想の法則を導き出しました。ビジネスモデルを考えるときにも、活用できるはずです。

下図ではビジネスに使えそうなものを40の中から抜粋して紹介します。

トゥリーズ法の例

- 分割したらどうか？
- 一部を変更したらどうか？
- 2つ以上を組み合わせたらどうか？
- 他でも使えるようにしたらどうか？
- 先に予想したらどうか？
- 環境に合わせたらどうか？
- おおざっぱにしたらどうか？
- 継続的に続けたらどうか？
- 他人にやってもらったらどうか？
- コピーしたらどうか？
- 安くてすぐダメになるものをつくったらどうか？
- 条件を変更したらどうか？
- 形を変更したらどうか？

⑩ シックス・ハット法

Six Thinking Hats

シックス・ハット法とは、水平思考を提唱したエドワード・デ・ボノによって考案された発想法です。次の6つの帽子（ハット）のうち「いずれかの帽子をかぶった」という意識で発想します。

- **白い帽子…客観的・中立的な視点**
- **赤い帽子…感情的な視点**
- **黒い帽子…批判的・消極的な視点**
- **青い帽子…分析的・冷静な視点**
- **黄色い帽子…積極的・希望的な視点**
- **緑の帽子…革新的・創造的な視点**

人は誰でも自分では意識せずとも、何らかの思考に偏りがちです。「異なる帽子をかぶる」というちょっとした儀式をすることで、視点を変え、新たな発想を生み出そうというわけです。

シックス・ハット法

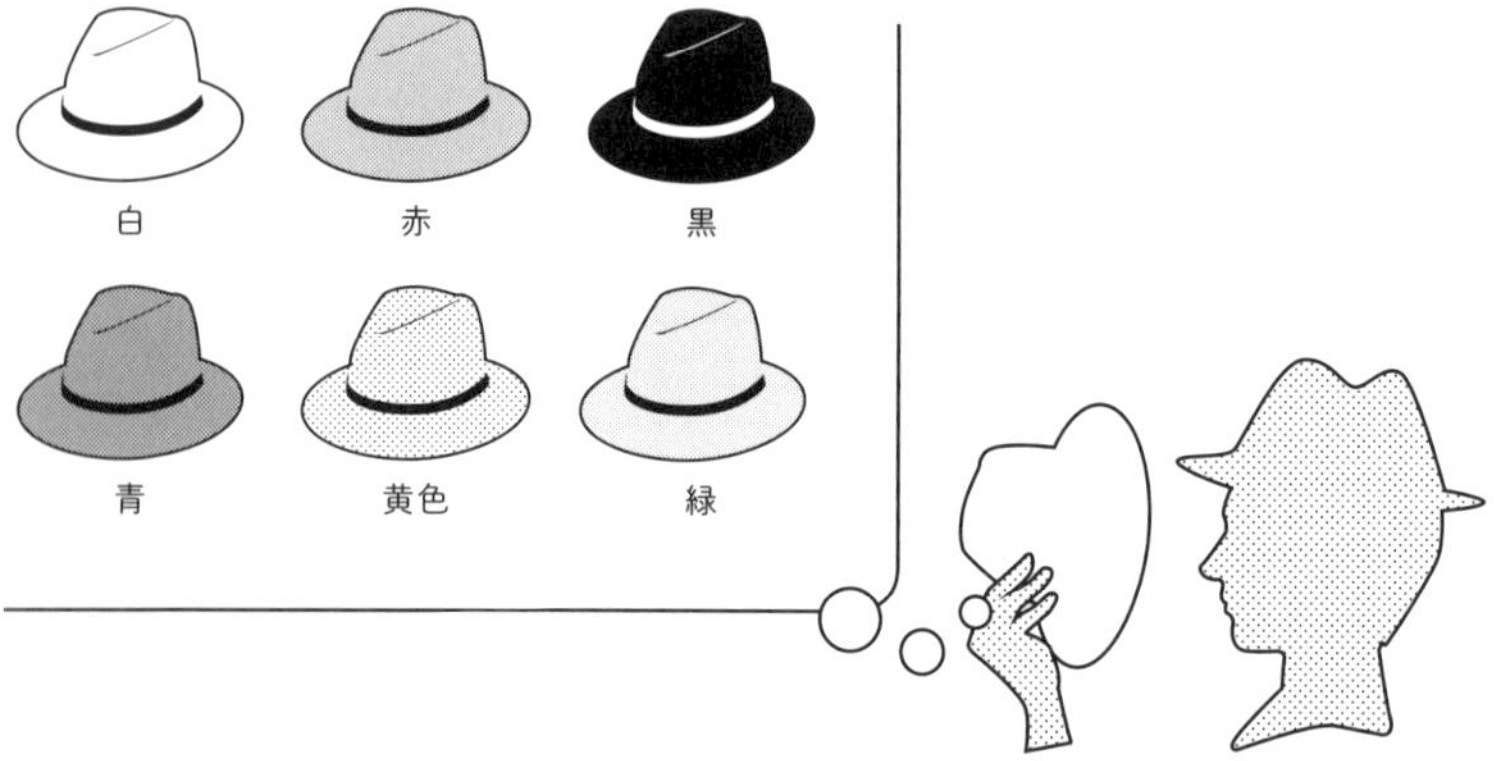

⓫ ブレインライティング

Brain Writing

沈黙のブレインストーミングといわれる発想法。集団で行うのが特徴で、最初は黙って行います。

話すのが苦手な人が多い場合や、一人で話し続けてしまうような人がいる場合に行うと、普通にブレインストーミングを行うよりも、たくさんのアイデアを生み出せることがあります。手順は以下です。

①メンバーを6人（もっと大人数でもOK）集め、3×6マスのシートを用意する
②それぞれの人がテーマについて、3つのアイデアを書き込む。制限時間は5分間
③書いたシートを隣の人に回し、6人全員がアイデアを書く
④書き終わったら、各メンバーがよいアイデアを2、3点選び、全員で検討する

ブレインライティングのシートの例

テーマ〈　　　　　　　　〉

	A	B	C
I			
II			
III			
IV			
V			
VI			

⑫ セブン・クロス法

Seven Cross

ブレインストーミングの内容を整理するときに便利な手法。次の手順で、7×7のマトリックスをつくって整理することで、アイデアが一覧できます。

①ブレインストーミングなどで出てきた意見を小さなカードに書く

②①で書いたカードを7つの項目に分類する

③7つの項目を重要度の高い順に左から右へ並べていく

④カードを重要度の高いものから縦に並べていく。縦に並べるカードは7枚。こうすることで、7×7のマトリックスに整理できる

また、7×7のマトリックスシートを用意し、一番上に課題を7つ書いて、下にアイデアを書いたカードを貼り付ける方法もあります。

セブン・クロス法のシート

	①	②	③	④	⑤	⑥	⑦
項目							その他
目標							
1							
2							
3							
4							
5							
6							
7							

⓭プレップ（PREP）法

Point, Reason, Example and Point

PREPは、「ポイント（Point）」「理由（Reason）」「事例（Example）」「ポイント（Point）」の頭文字。もともとは論理的に話すための手法です。思いついたアイデアを次の順で文章にすることで、アイデアが具体化されます。

①Point（アイデアのポイント）
②Reason（そのアイデアがよい理由）
③Example（アイデアの具体例）
④Point（アイデアのポイントを別の言葉で言い換える）

⓮希望点列挙法と欠点列挙法

Hope Points Method and Disadvantages Method

ブレインストーミングの方法として重要なのが、希望点列挙法と欠点列挙法です。希望点は希望や願望を基に発想するのに対し、欠点は現状の問題点や不満などを基に発想します。

PREP法

① **Point**
（ポイント=アイデアのポイント）

② **Reason**
（理由=そのアイデアがなぜ良いのか）

③ **Example**
（事例=アイデアの具体例）

④ **Point**
（ポイント=アイデアのポイントを別の言葉で言い換える）

①テーマについて「こうなったらよいな」という希望や願望を出す（欠点列挙の場合は、欠点や問題点）。「批判をしない」など、ブレインストーミングの4つのルールを守る

②①で出した希望（あるいは欠点）の中からひとつを選び、それを解決する方法について、再びブレインストーミングをする

⑮ 特性列挙法（属性列挙法）

Attribute Listing

アメリカの大学教授であるロバート・クロフォードによって開発された発想法です。次の手順で行います。

①対象のものを次の3つの特性に分解する

・名詞的特性（名詞で表せる、モノの構成要素、材料、製法など）

・形容詞的特性（大きい・小さい、軽い・重い、細い・太い、色など）

・動詞的特性（モノの持っている機能の性質。切れる、はさむなど）

特性列挙法（属性列挙法）

① 対象のものを次の3つの特性に分解する
・名詞的特性　・形容詞的特性　・動詞的特性

② 特性の問題点を出す

③ その問題点を解決するアイデアを考える

②特性の問題点を出す

たとえば、「大きい」という特性があったら、「重い」「かさばる」という問題点が出てきます。

③その問題点を解決するアイデアを考える

「重い」という問題点があるなら、「軽量化する」「持ち運びやすいよう、車輪をつける」などが考えられるでしょう。

⑯ゴードン法

Gordon'S Method

アメリカのアーサー・D・リトル社のウィリアム・ゴードンによって考案された、ブレインストーミングの手法です。具体的には下図の手順で行います。

ユニークなのは、リーダー以外は、テーマを知らない状態で行うこと。最初に、リーダーが、テーマを抽象的なキーワードに落とし込んで、メンバーに知らせます。たとえば、収納家具なら「入れる」「しまう」などに落とし込み、テーマを考えてもらいます。先入観にとらわれず、自由な発想をしてもらうことが狙いです。

ゴードン法

① まずリーダーを決め、リーダーがテーマを決める

② リーダーは、テーマについて抽象化し、他のメンバーのブレインストーミングのテーマを決める

③ ②で決めた抽象的なテーマを基にブレインストーミングで発想する

④ リーダーは①で決めたテーマをメンバーに伝える

⑤ ③で出たアイデアと①のテーマを基に再度アイデアを発想していく

Question 05

創造工学研究所の中山正和氏が開発したアイデア発想法が______。

Question 06

自分が抱えているテーマについて、9つのチェック項目に答えていくことで、アイデアを生み出していくのが______________________。

Question 07

3×3のマトリックスを使って発想するのが、デザイナーの今泉浩晃氏が発案した__________。

Question 08

何か問題が起きたときに、「なぜ」→「なぜならこうだから」を5回繰り返すトヨタ自動車の問題解決方法が__________。

Question 09

6つの帽子のうち「いずれかの帽子をかぶった」という意識で発想するのが、エドワード・デ・ボノが考案した________________。

Question 10

集団で、最初は黙って行う沈黙のブレインストーミングともいわれるのが_________________。

Question 11

7×7のマトリックスをつくって整理するのが、______________。

Question 12

ブレインストーミングの2つの方法は以下。____________は希望や願望を基に発想するのに対し、__________は現状の問題点や不満などを基に発想する。

Examination

Part 2

「ビジネスモデル発想法」テスト

アイデアの発想を助ける フレームワークを学ぼう！

第2章ではビジネスモデルにおけるイノベーションを生み出す際に、発想を助けるフレームワークを学びました。それぞれ特徴はあり、併用することで多様な発想が生まれます。それでは、「おさらい」してみましょう。

＊設問の答えは52ページに掲載しています

Question 01

既成の枠組みに従って考えること（論理思考）から離れ、さまざまな角度から自由に思考をめぐらせることを＿＿＿＿という。

Question 02

ヒットのキーワードを掛け合わせ、新たな発想法を生み出す思考法を＿＿＿＿＿＿＿＿という。

Question 03

皆でテーマに沿って、ざっくばらんにアイデアを出し合うことで、新たな発想を生み出す方法を＿＿＿＿＿＿＿＿＿＿という。

Question 04

文化人類学者の川喜多二郎氏が開発したアイデア発想法が＿＿＿。

Answer Part 2

Question 01	□	既成の枠組みに従って考えること（論理思考）から離れ、さまざまな角度から自由に思考をめぐらせることを**水平思考**という。
Question 02	□	ヒットのキーワードを掛け合わせ、新たな発想法を生み出す思考法を**マトリックス思考**という。
Question 03	□	皆でテーマに沿って、ざっくばらんにアイデアを出し合うことで、新たな発想を生み出す方法を**ブレインストーミング**という。
Question 04	□	文化人類学者の川喜多二郎氏が開発したアイデア発想法が**ＫＪ法**。
Question 05	□	創造工学研究所の中山正和氏が開発したアイデア発想法が**ＮＭ法**。
Question 06	□	自分が抱えているテーマについて、9つのチェック項目に答えていくことで、アイデアを生み出していくのが**オスボーンのチェックリスト**。
Question 07	□	３×３のマトリックスを使って発想するのが、デザイナーの今泉浩晃氏が発案した**マンダラート**。
Question 08	□	何か問題が起きたときに、「なぜ」→「なぜならこうだから」を５回繰り返すトヨタ自動車の問題解決方法が**5回の「なぜ」**。
Question 09	□	６つの帽子のうち「いずれかの帽子をかぶった」という意識で発想するのが、エドワード・デ・ボノが考案した**シックス・ハット法**。
Question 10	□	集団で、最初は黙って行う沈黙のブレインストーミングともいわれるのが**ブレインライティング**。
Question 11	□	７×７のマトリックスをつくって整理するのが、**セブン・クロス法**。
Question 12	□	ブレインストーミングの2つの方法は以下。**希望点列挙法**は希望や願望を基に発想するのに対し、**欠点列挙法**は現状の問題点や不満などを基に発想する。

第3章

ビジネスモデル構築7ステップ

Part 3

Seven Steps for Creating New Business Models

本章では誰でもシステマティックに新しいビジネスモデルが生み出せる7つのフレームワークを説明します。巻末の「戦術カード」と合わせて使用してみてください。

ビジネスモデルはシステム

Business Model Can be Made Systematically

複数の要素でイノベーションを起こせ！

本章ではビジネスモデルを構築するための7つのステップをご説明しますが、具体的な方法論に移る前に、基本的な考え方についてお話ししておきたいと思います。

最初にお伝えしたいのは、「ビジネスモデルとは、一部の才能ある人だけでなく、誰でも生み出せる」ということです。

多くの方は革新的なビジネスモデルはトーマス・エジソン、ビル・ゲイツ、スティーブ・ジョブズのような天才的な発明家、経営者によって生み出されるものだと思っていると思いますが、実態はまったく異なります。

私が監修を手がけた『ビジネスモデル・イノベーション』でもこのことが証明されています。これは経営コンサルティング会社のデロイト・モニター傘下のドブリンの設立者とコンサルタントがイノベーションを生み出す方法論について過

Book

『ビジネスモデル・イノベーション──ブレークスルーを起こすフレームワーク10』ラリー・キーリー他著
システマティックにイノベーションを生み出すための「フレームワーク10個」と、「戦術カード」100以上がビジネスモデルを変えていく。過去30年の2000にも及ぶ成功企業の事例を徹底分析。

Key person

トーマス・エジソン
1847年、アメリカ生まれ。「発明王」として知られるが、電力システムを事業化するなどの功績もある。
© Getty Images

去30年間の2000以上の事例を調査したものです。そこではイノベーションの構成要素を10に分けています。すなわち、「利益モデル」「ネットワーク」「組織構造」「プロセス」「製品性能」「製品システム」「サービス」「チャネル」「ブランド」「顧客エンゲージメント」です。

そこでわかったことは、革新的なビジネスモデルのほとんどはすでに存在していたビジネスモデルの組み合わせであり、まったく新しいものはほとんどなかったということです。

生物学者のフランチェスコ・レディは「あらゆる生物は生物から生まれる」という原理を提唱していますが、ビジネスモデルも同様に、他の業界のビジネスモデルの模倣から生まれる、と著者は述べています。いわゆる「アナロジー」（類推）と呼ばれる考え方です。

つまり、他の業界で行われていることを自分の業界に応用することで、誰でも、新たなビジネスモデルは生み出せるというわけです。

その意味でもさまざまな業界の秀逸なビジネスモデルを学習することは極めて有益だといえます。

Book

『コピーキャット――模倣者こそがイノベーションを起こす』オーデッド・シェンカー著
模倣はイノベーションと同様にビジネスにおいて重要である。10カ国語に翻訳された逆転の戦略論。

『ビジネスモデル・イノベーション』は、さらに大切なことを示唆しています。それは、新たなビジネスモデルは、イノベーションの10個の構成要素のひとつの要素だけではなく、複数の要素のイノベーションから生まれていることです。すなわち、成功しているビジネスモデルとは「利益モデル」「ネットワーク」「組織構造」「プロセス」「製品性能」「製品システム」「サービス」「チャネル」「ブランド」「顧客エンゲージメント」の要素の複数においてイノベーションを起こしているのです。

　具体的には、「平均的なイノベーター」と呼ばれるあまり成功していない事例では、10の要素のうち平均1・8個の要素においてしかイノベーションを起こしていなかったのに対し、成功した「トップ・イノベーター」と呼ばれる事例では、10の要素のうち平均3・6個の要素でイノベーションを起こしていました。たとえば、製品性能を革新的なものに変えるだけではなく、その製造プロセスや販売チャネル、利益モデルなど、複数の要素も革新的なものに変えることが重要であると示唆しているのです。

ビジネスモデルイノベーションの10ステップ

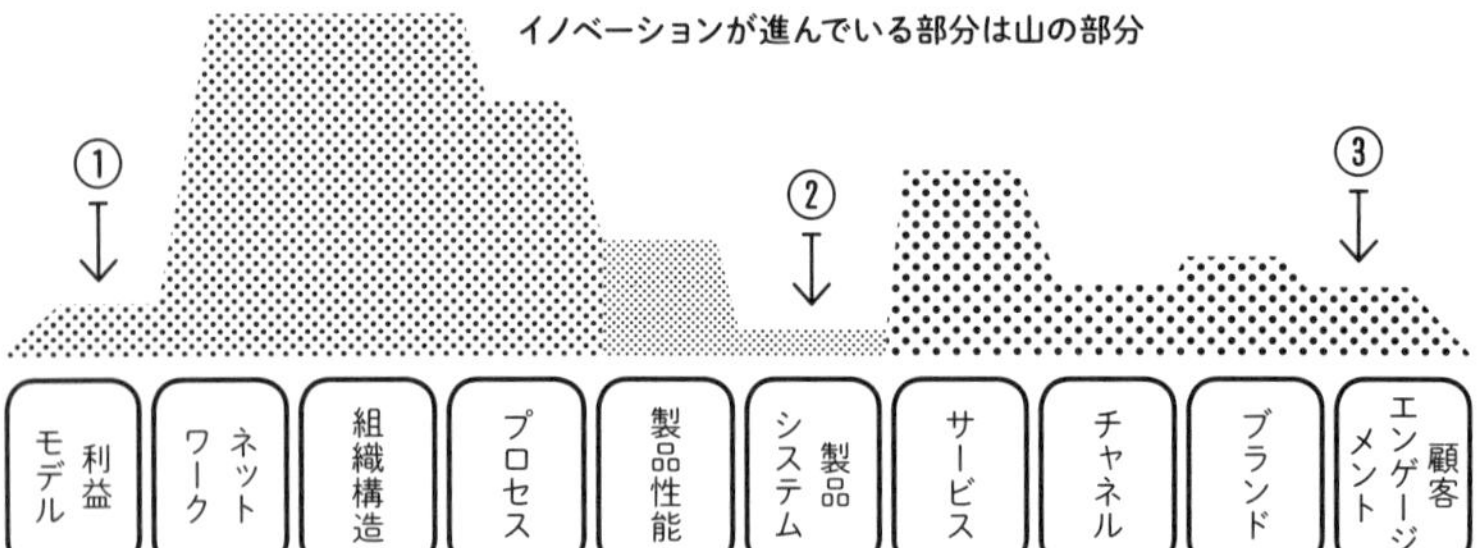

谷の部分にイノベーションのチャンス!
図の①、②、③は谷。業界他社がやっていないからこそ差別化しやすい

次のページからご説明するビジネスモデル構築の7ステップは過去数年にわたり実際にコンサルティングの現場や研修において実践し実績を上げてきたものですが、自動的に誰でも、複数の要素でイノベーションを起こすことができる仕組みになっています。

その際に大切なことは、既成概念にとらわれずにゼロベース（拙著『カール教授のビジネス集中講義 経営戦略』⑭を参照）で自由に発想を行うことです。なぜならば、革新的なビジネスモデルを創造するポイントは、同業他社がまだ行ったことがない要素を変えることにあるからです。

ビジネスモデルを考えるときには、「自分の業界でイノベーションが進んでいない要素は何か」という視点を持つとよいでしょう。

ポイント

イノベーティブなビジネスモデルに新たな要素はほとんどなく、誰にでも生み出せる。鍵は複数の要素を変えること。

たとえば、右の図は、先述した10の要素で、通信業界全体のイノベーションの様子を表しています。山の部分はイノベーションが進んでいる要素、谷の部分は進んでいない要素です。この谷の部分の要素においてイノベーションを行うと、斬新なビジネスモデルが生まれやすくなります。同業他社がやっていないからこそ差別化できるのです。

ビジネスモデル構築7ステップとは

Seven Steps for Creating New Business Models

システマティックに新ビジネスをつくる

ビジネスモデルは、下図の「製造過程（バリューチェーン）」「顧客価値」「顧客」の３つの箱で表すことができます。もうけの仕組みはこの３つで成り立ってます。

ビジネスモデルを考えるときは、常に３つの箱を意識しておきましょう。この箱を順々に埋めていくのが、ビジネスモデル構築７ステップです。

この７ステップとは、既存のビジネスを、「誰に」「何を」「いくらで」「どうやって」「何を使って」というポイントで革新的な変化を行うことで、誰もがシステマティックに新しいビジネスモデルを１００以上もつくり出せる画期的な方法です。そうして生まれたビジネスモデルのアイデアをいくつかの基準で絞っていくのです。

具体的には、次の７つのステップを踏んでいきます。

ビジネスモデルの3つの箱

STEP1　現状を認識する
STEP2　顧客をシフトする（誰に）
STEP3　顧客価値をシフトする（何を）
STEP4　価格・顧客の経済性をシフトする（いくらで）
STEP5　バリューチェーンをシフトする（どうやって）
STEP6　経営資源を差別化する（何を使って）
STEP7　実現可能性を見極め、絞り込む

重要な点は、すべてのステップを連動させることで、差別化された模倣されにくいビジネスモデルが創造できることです。そしてゼロベース思考（「経営戦略」⑭）により自由な発想で斬新なアイデアを生み出すことが大切です。

ポイント

7つのステップを連動させることで、新たなビジネスモデルが生み出せます！

ビジネスモデル構築7ステップ

STEP 1	現状を認識する	**Grasp the Present Situation**
STEP 2	顧客をシフトする（誰に?）	**Shift Your Customer (ex. B→B⇒B→C)**
STEP 3	顧客価値をシフトする（何を?）	**Shift Your Value Proposition**
STEP 4	価格・顧客の経済性をシフトする（いくらで?）	**Shift Your Total Cost for Clients**
STEP 5	バリューチェーンをシフトする（どうやって?）	**Shift Your Value Chain**
STEP 6	経営資源を差別化する（何を使って?）	**Differentiation on Management Resources**
STEP 7	実現可能性を見極め、絞り込む	**Viable Business Models**

STEP 1

現状を認識する

Grasp the Present Situation

第一歩は「現状を知ること」から

ビジネスモデルを構築する7ステップのスタートは「現状を認識する」です。

この7ステップは現在のビジネスモデルを基に新たなモデルをつくり出すステップなので、まずは現存のビジネスモデルを正確に把握しましょう。新規の事業の場合にはターゲットとする**事業ドメイン**（事業領域）における事業などを選定して分析を行います。

ビジネスモデルの現状は、次の「5つのフレームワーク」に現状を書き入れていけば、簡単に把握できます。

①**顧客**（誰に、製品・サービスを提供しているか）

②**顧客価値**（何を、いくらで提供しているのか）

③**経営資源**（どんな経営資源を持っているか。ヒト、モノ、

ワーク：街のパン屋さん

- 顧客は?
- 顧客価値は?
- 価格、支払い条件などは?
- 収益(収入、費用、キャッシュフロー)は?
- バリューチェーンは?
- 経営資源(ヒト、モノ、カネ)は?
- 他の類似サービスとの差別化は?

カネ、チャネル、ノウハウなど）

④**差別化**（他社とどう差別化しているか）

⑤**収益**（売上やコスト、キャッシュフローなどの状況）

たとえば、もしあなたが革新的なビジネスモデルを持ったパン屋さんを始めようと思ったとしましょう。

まずはどこにでもある普通の街のパン屋さんをターゲットとして設定します。

その上で、誰に、何を、いくらで、どんな経営資源を使って、他社とどう差別化してもうけているか、考えてみましょう。すると、パン屋さんのビジネスモデルが一目でわかるようになるのです。

なお、キャッシュフローとは実際の現金の動きを指しますが、新規事業や起業の際には資金が限られることが多いのでとても重要です。たとえば楽天市場は当初月額5万円だけでモールに出店できることで人気となりましたが、実は半年分前払いとすることで、事業者の資金繰りを楽にする工夫をしていました。

回答例：街のパン屋さん

- 顧客は?→お店に来る消費者
- 顧客価値は?→食パンなど
- 価格、支払い条件などは?→200円
- 収益(収入、費用、キャッシュフロー)は?→パンの売上、原材料費・店舗賃料・人件費・広告代、現金収入が主
- バリューチェーンは?→原材料を仕入れて店で製造販売
- 経営資源(ヒト、モノ、カネ)は?→パン職人、店員
- 他の類似サービスとの差別化は?→おいしいパン、立地、広告

ビジネスモデルキャンバス

Business Model Canvas

自社のビジネスモデルを分析するツールとして、「ビジネスモデルキャンバス」を利用することもできます。

これは、『ビジネスモデル・ジェネレーション』の著者であるアレックス・オスターワルダーらが考案した、ビジネスモデルを可視化できるツールで、ビジネスモデルを次の9つの要素に分解しています。

①**顧客セグメント**（どんな顧客グループにかかわるか）

②**価値提案**（特定の顧客に向けて、どんな価値を提案・提供しているのか）

③**チャネル**（顧客セグメントとどのようにコミュニケーションをして、価値を届けるのか。例：店舗、インターネット、メディア）

④**顧客との関係**（顧客とどのような種類の関係を結ぶのか。例：セルフサービス、コミュニティー）

Book

Business Model Generation
ビジネスモデル・ジェネレーション
A Handbook for Visionaries, Game Changers, and Challengers
Written by Alexander Osterwalder & Yves Pigneur
9年の歳月をかけて製作、45カ国、470人による実例を掲載
戦略的思考を
視覚化した画期的な
フレームワークを使った
斬新な発想法
野中郁次郎
神田昌典

『ビジネスモデル・ジェネレーション――ビジネスモデル設計書』アレックス・オスターワルダー他著

画期的なフレームワーク「ビジネスモデルキャンバス」を使った斬新な発想法。9年の歳月をかけて製作、45カ国、470人による実例を掲載。

ビジネスモデルキャンバスは、現状認識と最後に完成した新しいビジネスモデルの確認には有効です。

⑤収益の流れ（顧客セグメントから生み出す現金の流れ）
⑥リソース（ビジネスモデルの実行に必要な資産、経営資源）
⑦主要活動（企業がビジネスモデルを実行する上で必ず行わなければならない重要な活動。例：製造、販売、サービスの提供）
⑧パートナー（ビジネスモデルを構築するサプライヤーとパートナーのネットワーク。例：外注、仕入先）
⑨コスト構造（運営によって発生するすべてのコスト）

これらの要素について書き出していくと、自社のビジネスモデルが一目瞭然になります。ただしこのモデルは新しいビジネスモデルの構築には適していません。まずは最初にご紹介した5つのフレームワークで整理してみてください。

ポイント
まずは、あなたがかかわっている現状のビジネスモデルを正しく記入しましょう。

ビジネスモデルの9要素

1	顧客セグメント（どんな顧客グループにかかわるか）
2	価値提案（特定の顧客に向けて、どんな価値を提案・提供しているのか）
3	チャネル（顧客セグメントとどのようにコミュニケーションをして、価値を届けるのか）
4	顧客との関係（顧客とどのような種類の関係を結ぶのか）
5	収益の流れ（顧客セグメントから生み出す現金の流れ）
6	リソース（ビジネスモデルの実行に必要な資産。経営資源）
7	主要活動（企業がビジネスモデルを実行する上で必ず行なわなければならない重要な活動）
8	パートナー（ビジネスモデルを構築するサプライヤーとパートナーのネットワーク）
9	コスト構造（運営によって発生するすべてのコスト）

Question 05

ビジネスモデルを考えるときには、「自分の業界でイノベーションが＿＿＿＿＿＿＿要素は何か」という視点が求められる。

Question 06

ビジネスモデルは、＿＿＿、＿＿＿＿＿、＿＿＿＿＿＿＿＿＿＿＿＿＿＿＿＿の3つで表すことができる。

Question 07

ビジネスモデルを創造する7ステップのスタートは＿＿＿＿である。

Question 08

新規の事業の場合にはターゲットとする＿＿＿＿＿＿＿＿＿＿＿＿＿における企業などを選定して分析を行う。

Question 09

ビジネスモデルの現状認識は、次の5つのフレームワークに現状を書き入れていく。すなわち＿＿、＿＿＿＿、＿＿＿＿、＿＿＿、＿＿。

Question 10

一般的に＿＿＿＿＿＿＿＿とは実際の現金の動きを指す。

Question 11

『ビジネスモデル・ジェネレーション』の著者が考案したビジネスモデルを＿＿＿できるツールがビジネスモデルキャンバス。

Question 12

ビジネスモデルキャンバスでは、次の_つの要素に分解する。

Examination

Part 3-1

「ビジネスモデル構築 7 ステップ」テスト①

ビジネスモデルはシステマティックにつくれる！

第3章ではビジネスモデル構築をするための7つのステップを解説しています。まずは、基本的な考え方とステップ1の現状認識から始めます。それでは、「おさらい」してみましょう。

＊設問の答えは176ページに掲載しています

Question 01

ビジネスモデルとは、ビル・ゲイツやスティーブ・ジョブズのような一部の____がつくるだけでなく、誰でも生み出せるもの。

Question 02

革新的なビジネスモデルのほとんどは、すでに存在していたビジネスモデルの__________。

Question 03

ビジネスモデル構築において重要なアナロジーとは、日本語に訳すと____。

Question 04

2000以上の企業事例を研究した『ビジネスモデル・イノベーション』によると、イノベーションの構成要素は__に分けられる。

STEP 2

顧客をシフトする

Shift Your Customer

あなたにとっての顧客は本当は誰なのか？

ステップ1で現状を把握したら、ビジネスモデルをつくり出すステップに入っていくとしましょう。

ステップ2は、「顧客をシフトする」です。つまり、今の顧客とは異なる層の顧客に、自社の製品やサービスを売れないか、と考えていくわけです。具体的に顧客をシフトする視点は、大きく分けて、5つあります。ひとつずつ順を追って説明していきましょう。

❶顧客を法人向け、個人向けにシフトする

B to C or C to B

これまで法人をターゲットにしていた（BtoB）ところを、個人（BtoC）に転換する、もしくは個人から法人（CtoB）にシフトする方法です。Bはビジネス（Business）、

Product

オフィスグリコ

職場で選べるコンパクトなお菓子箱。富山の薬売りビジネスをお菓子の世界に転用して成功。

ビジネスモデルの3つの箱

製造過程
（バリューチェーン）
Value Chain
顧客価値
Value Proposition
顧客
Client or Customer

Cはカスタマー（Customer）またはコンシューマー（Consumer）です。

たとえば、**オフィスグリコ**は、BtoCからBtoBにシフトして、成功した例です。これは、ビスコやポッキーといったグリコのお菓子の入った箱を、契約したオフィスに置いておき、社員がお金を入れて買う仕組み。社員は、小腹がすいたときに、外に行かずにお菓子を買うことができることから好評を博し、採用する事業所が増加しました。**富山の薬売りビジネス**をお菓子の世界に転用した形で、従来の小売店に来る消費者に売る形から、法人向けに変えて成功した事例です。

一方、**ベネッセコーポレーション**は、法人客から個人客に、つまり、BtoBからBtoCにシフトして成功した事例です。同社の前身である福武書店は、もともと中学校向けに生徒手帳を販売していたことから先生とネットワークができ、問題作成を頼まれるようになりました。そこから「進研模試」というテストを始め、さらには、個人向け通信教育である「進研ゼミ」をスタートしたのです。こうして、今や日本

ベネッセのビジネスモデル

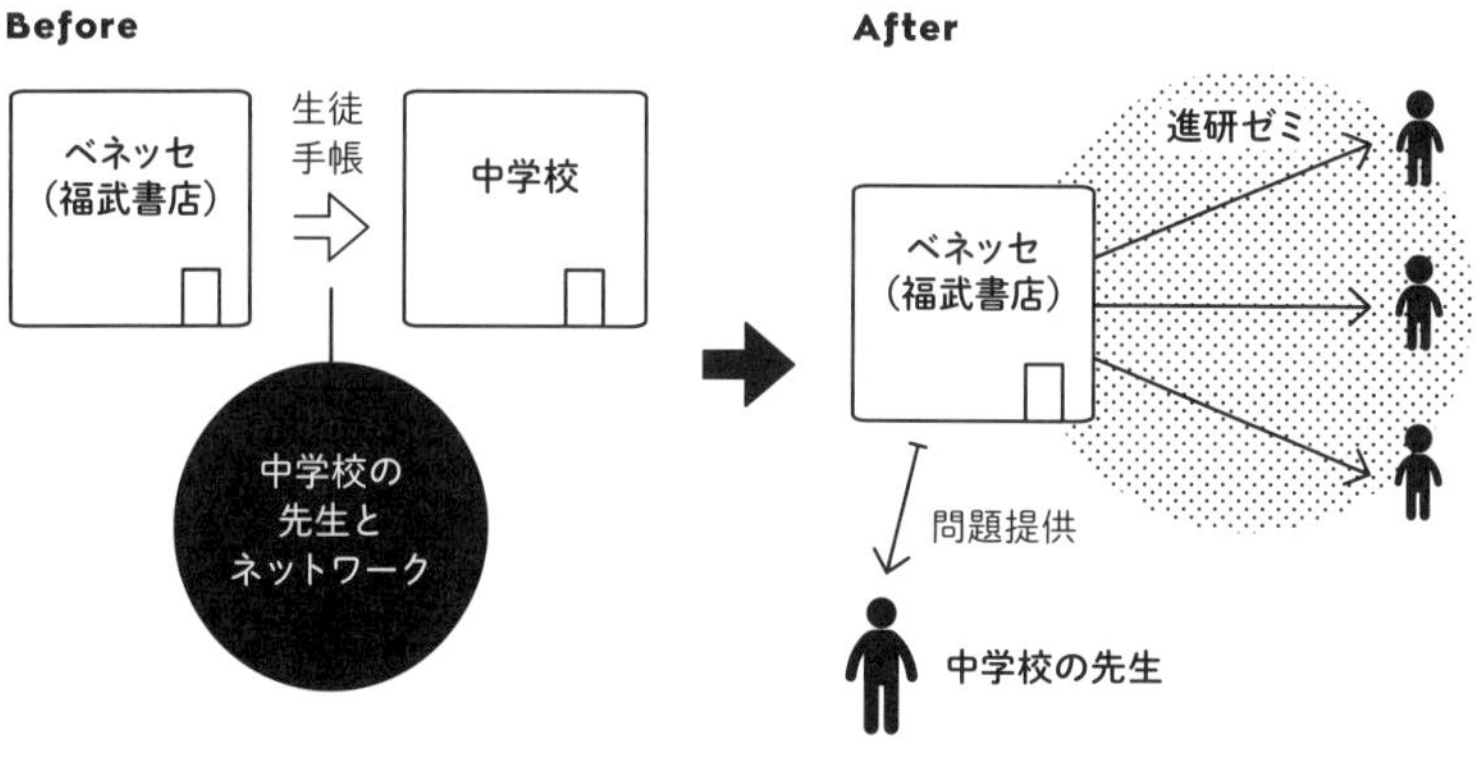
Before
ベネッセ（福武書店）
生徒手帳
中学校
中学校の先生とネットワーク
After
進研ゼミ
ベネッセ（福武書店）
問題提供
中学校の先生

最大の通信教育会社になりました。

　近年はベストセラー著者による動画学習サービスである「著者大学」などの社会人教育にも参入しています。

　中古車買い取り専門会社のガリバーインターナショナルは、ＣｔｏＢｔｏＣからＣｔｏＢに顧客を転換して成功した事例です。すなわち、従来の中古車販売業者は、個人から中古車を買って、それをきれいにして、店頭に飾り、他の個人に売るという商売をしてきました。それを、ガリバーは、個人から中古車を買うけれども、売る先は個人だけではなく「中古車販売業者が集まるオークション」というプラットフォームにシフトしたのです。

　こうすることで、通常は商品在庫の置き場として長期にわたり確保しなければならない駐車スペースの賃借料のコスト削減を実現しました。

　従来は売れるかどうかわからないためにこれらのコストも勘案してなるべく安く買い取る傾向がありました。しかしガリバーはオークションという市場（プラットフォーム）に出すことで1週間程度ですぐに販売してしまいます。そうする

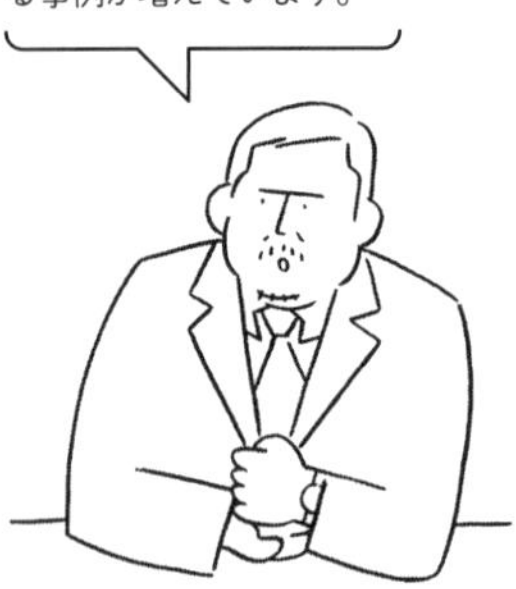
インターネットの進化によりプラットフォーム型ビジネスモデルに転換・成功する事例が増えています。

Service

進研ゼミ

ベネッセによる小学生・中学生・高校生向け通信教育講座。家庭学習用教材で、学校の授業の予復習や受験対策など、各自の目的に合わせて利用することができる。

ことで市場によい中古車がたくさん供給され、市場が拡大していきました。ガリバーは市場の価格動向を瞬時に把握できるために、中古車の市場価格を正確に把握できるようになったのです。このため従来の中古車販売会社に比較して、高い価格での買い取りを実現したのです。

さらにいったん買い取るのではなく売買が成約した際に手数料を得る不動産仲介のようなビジネスモデルにしたことでガリバーの1台あたりの利益は従来の中古車販売会社よりも低くなりましたが、大量に扱うことができるためにトータルの収益は飛躍的に伸びました。買う方も安いし、売る方も高いため、急速に取引が伸びたのです。

従来は距離の離れた場所の車を買うことは難しかったのですが近年インターネットの普及により全国を相手にした市場の構築が可能になりました。今では中古車以外にも中古バイクや書籍などあらゆる分野でこうした買い取り専門業者が急増しています。

ガリバーのビジネスモデル

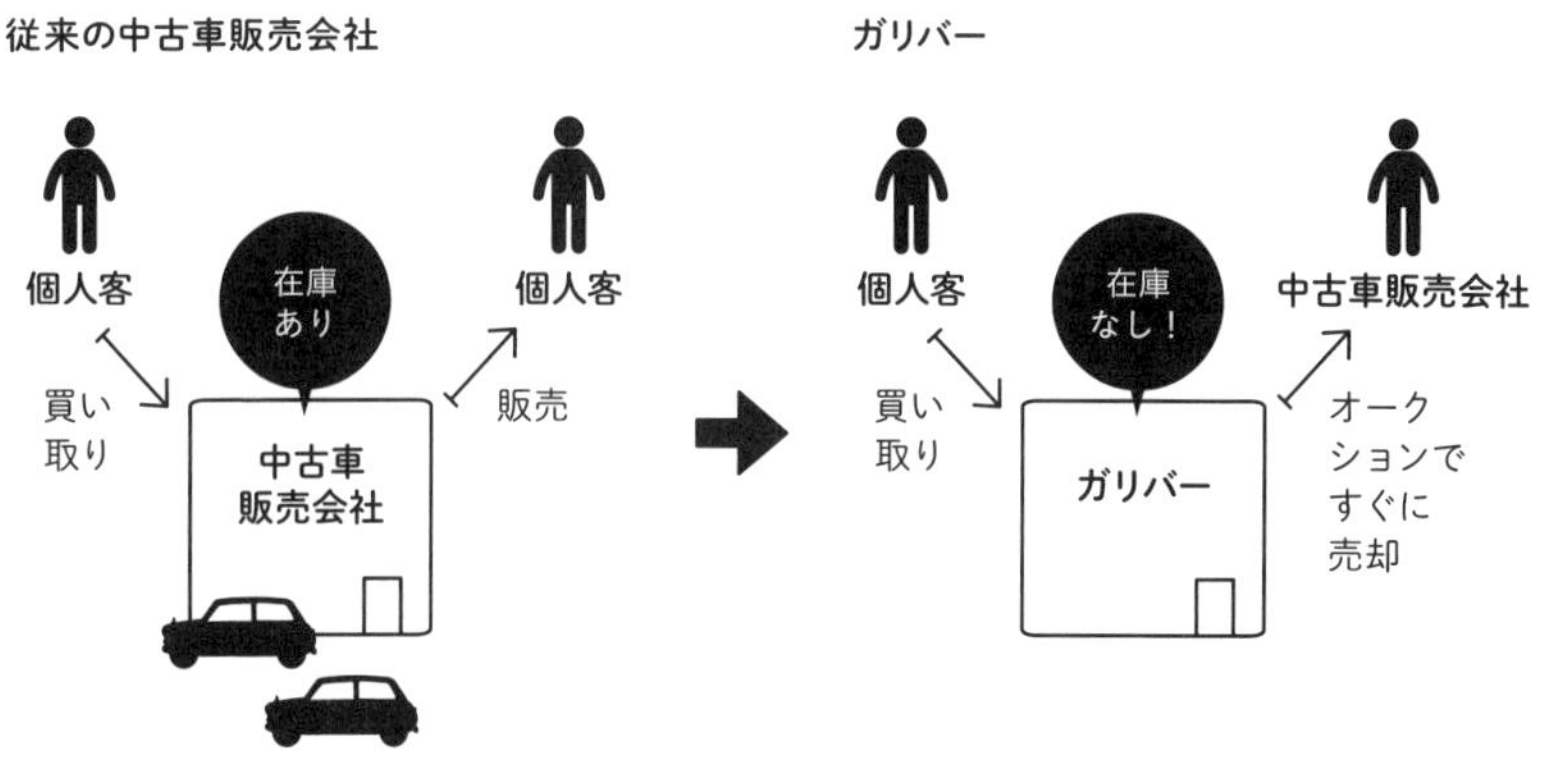

従来の中古車販売会社
個人客
在庫あり
個人客
買い取り
販売
中古車販売会社
ガリバー
個人客
在庫なし！
中古車販売会社
買い取り
オークションですぐに売却
ガリバー

❷顧客を関係先にシフトする

Shift Clients to Others

これは、今までの顧客のまわりにいる関係先にスポットをあて、その関係先を「顧客」にシフトする方法です。

最初に質問です。**幼稚園**の顧客とは誰でしょうか？

「幼稚園児」という考え方もありますが、その関係先として、入園を決める意思決定者である「両親（父親・母親）」も考えられます。もしくはお金の出し手として「祖父母」という線もあり得るでしょう。

そう考えると実はいろいろな関係者も顧客になる可能性があるのです。具体的にこの三者を「顧客」ととらえ、それぞれにとってよいサービスとは何かを考えていくと、まったく違ったビジネスの発想が生まれてきます。

顧客が「幼稚園児」だと考えた場合は、よいサービスとは「遊具が充実している」「先生の面倒見がよい」といったことが考えられますし、「親」だと考えた場合は、「先生がよい」「教育水準が高い」「学費が安い」「安心安全」などが考えられ

幼稚園の顧客は誰か？

顧客	よいサービス
幼稚園児	「遊具が充実している」 「先生の面倒見がよい」
両親	「先生がよい」「教育水準が高い」 「学費が安い」「安心安全」
祖父母	「おじいちゃんと孫が一緒に行ける遠足」

るでしょう。また、働いている親の視点に立てば、「24時間引き取りができる幼稚園」のようなものがあれば、よいかもしれません。「祖父母」を顧客とするならば、「おじいちゃんと孫が一緒に行ける遠足」などのサービスがあると喜ばれるかもしれません。

　実際、顧客を関係先にシフトすることで人気を集めている高齢者専門病院があります。**青梅慶友病院**です。

　この病院では、顧客を、高齢者の患者だけではなくて、「面倒を見る高齢者の子どもたち」と定義。そうした子どもたちに対して、「病院に行ってもなかなか夜、会えない」という不満を解消するために24時間面会できるシステムを採用しました。また、家族が泊まれる施設も整えていますが、これはさびしがりな高齢者にとっても、遠方から来る家族にとってもありがたい施設でしょう。

　患者を顧客と考えると、「食事がおいしい」とか「豪華な設備で過ごしやすい」といったサービスになりますが、「患者の子どもたち」と考えると、新たなビジネスモデルが生まれます。

高齢者病院のビジネスモデル

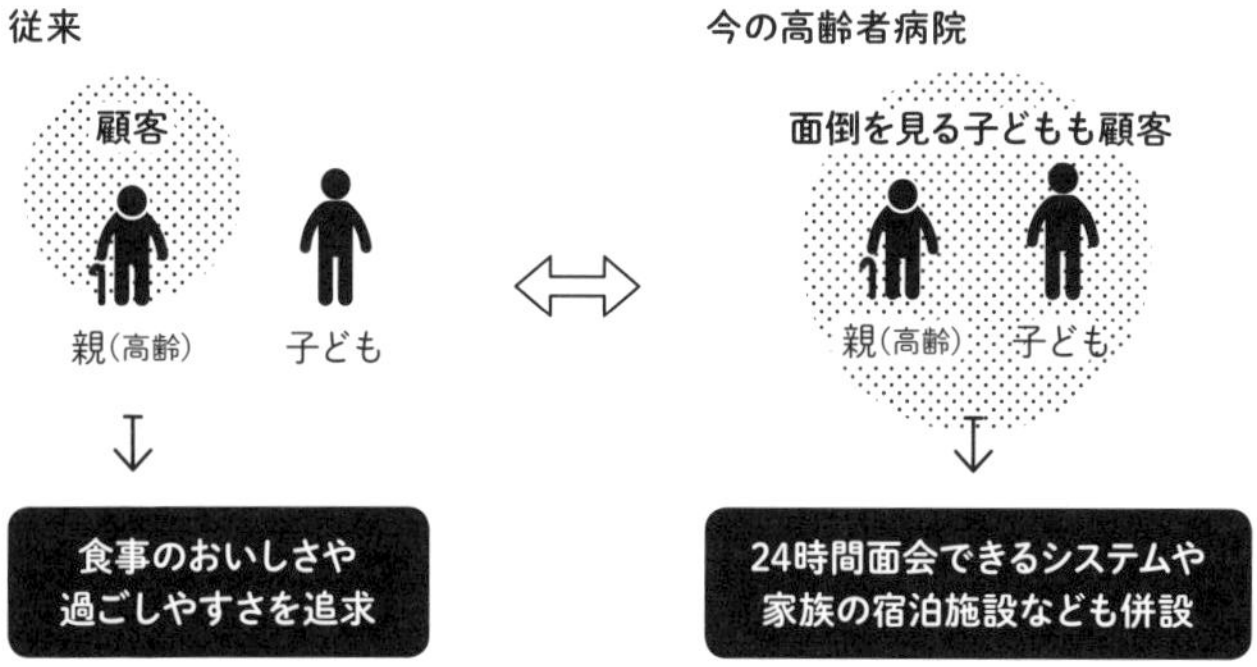
従来
顧客
親(高齢)
子ども
食事のおいしさや
過ごしやすさを追求
今の高齢者病院
面倒を見る子どもも顧客
親(高齢)
子ども
24時間面会できるシステムや
家族の宿泊施設なども併設

❸顧客の地域を集中する

Focus the Area

これは、さまざまな地域の顧客を相手にするのではなく、特定の地域の顧客に集中するという考え方。いわゆる「**ドミナント戦略**」といわれている戦略です。顧客を「全地域から特定地域にシフトしている」といえます。

成功事例としては、**セブン-イレブン**や**スターバックスコーヒー**が挙げられます。この2つの企業は、狭いエリアに複数の店舗を出店する戦略をとっています。特定の地域に集中的に出店すれば、ロジスティックス（物流）の効率がよくなり鮮度のよい商品が提供できますし、宣伝効率もよくなって、その地域での知名度はバツグンに高まります。来店頻度も増すでしょう。また、同じ系列の店がたくさんあれば、「競争が激し過ぎるから」と他社が参入してこなくなり（参入障壁）、その地域内で圧倒的なシェアを奪えます。

たとえば、セブン-イレブンは当初酒店を加盟店に入れることでお酒も売っているコンビニという差別化に成功しまし

マイケル・ポーターの3つの基本戦略（「経営戦略」㊵）は、コストリーダーシップ・差別化・集中でした。

Company

セブン-イレブン

国内1万7000店以上を誇る日本最大のコンビニエンスストアチェーン。近年では「セブンカフェ」など、革新的なサービスを展開している。

た。品ぞろえも接客も素晴らしければ、他のコンビニには行かなくなり、さらに隣接地域に進出すれば、「シェアナンバーワンの店が来た」となり、受け入れられやすくなるでしょう。同じ系列の店が近隣にあると、お互いがつぶし合ってしまう、つまり食い合うこともありますが、それを考えても、大きなメリットがあるのです。

こうしたセブン‐イレブンの出店は綿密な調査に基づいて戦略的に行われているため弁当チェーン店がセブン‐イレブンの出店している近くに出店する戦略をとったことは有名です。現在も日本の全都道府県には出店しているのは**ローソン**だけで、セブン‐イレブンはすべてには出店していないことからもこの戦略を徹底していることがわかります。

❹顧客を特定層に集中する

Focus the Segmentation

特定のセグメントの顧客だけに集中することで、他社と差別化できるビジネスモデルをつくり出す方法です。

そのひとつの方法は、需要の大きなセグメントだけに集中

セブン-イレブンのドミナント方式（高密度多店舗出店）の効果

・チェーン認知度の向上

・来店頻度の増加

・物流効率の向上

・加盟店への経営アドバイス時間の確保

・広告効率の向上

「セブン-イレブン・ジャパン」ホームページを基に作成

する方法。たとえばアメリカのＬＣＣ（ローコストキャリア）、**サウスウエスト航空**はその代表です。需要の大きな路線だけに集中して、その路線のチケットを低価格で売ることで、コスト優位を生み出し、顧客をつかんでいます。

あれもこれもと手を出すのに比べて少ない資金でできるので、ベンチャーにとっては狙うべき戦略です。ただし、大手が赤字覚悟で挑んできた結果、体力勝負になり、つぶされるケースもあります。東京と新千歳というドル箱路線で参入したものの、大手の攻勢にあい、一度破綻《はたん》してしまった**エア・ドゥ**はその典型です。

また、ニッチなセグメントに絞り込むという方法もあります。たとえば、漫画を全巻一気読みしたい人向けに、漫画の全巻セット売りだけに特化したネットショップ**漫画全巻ドットコム**はその一例です。

❺グローバル化

Shift to Global Customers

国内から、海外の顧客にシフトしていくことです。

サウスウエスト航空のビジネスモデル

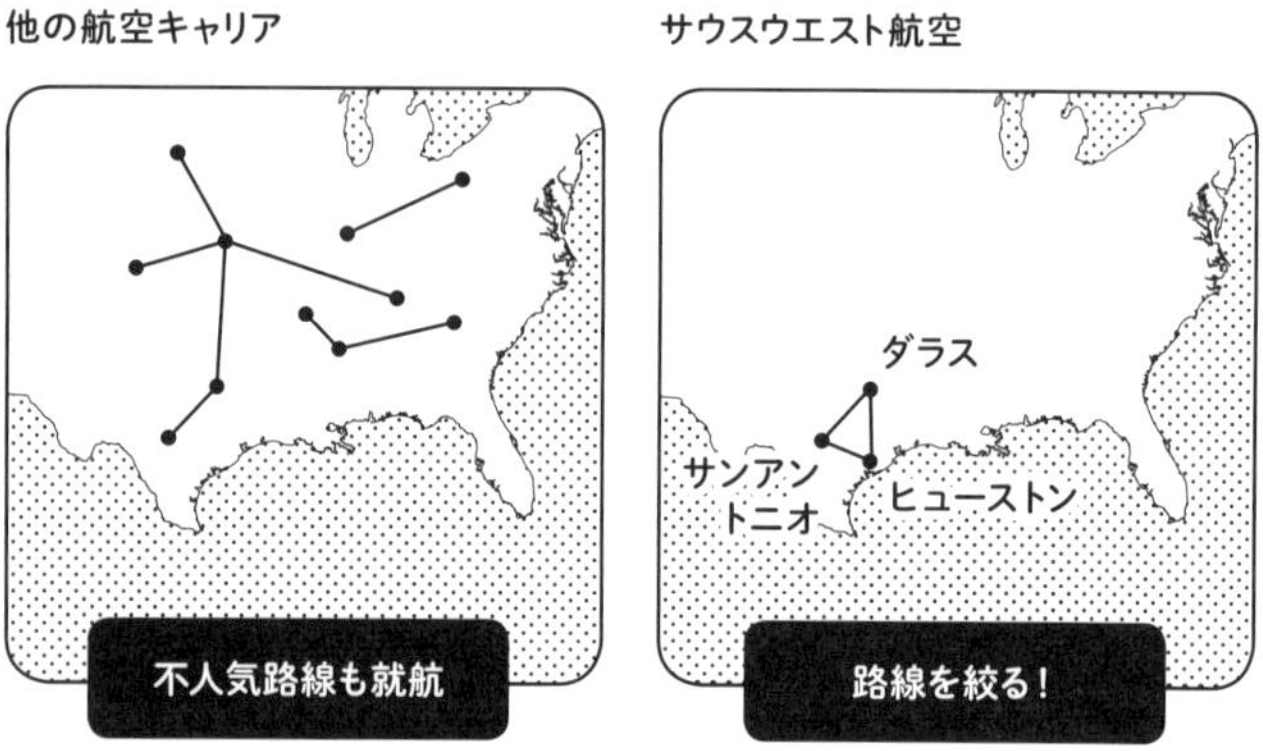
他の航空キャリア
不人気路線も就航
サウスウエスト航空
ダラス
サンアントニオ
ヒューストン
路線を絞る！

インドで低価格の車を売って成功した**スズキ**や、ベトナムでトップシェアを獲得した即席麺メーカーの**エースコック**などは、他社が進出するはるか前に海外に進出して、成功を収めています。

海外でモノを売ることを考えるときは、**BOP**に注目することも重要性になってきています。BOPとは、ベース・オブ・ピラミッドの略で、「貧困層」を意味します。世界の人口約56億人中約40億人が貧困層といわれていますが、今後、所得が上がることで、彼らが大きな顧客に成長していくと期待されています。この層をターゲットにするBOPビジネスで成功した代表的な例としては、日用品企業である**ヒンドゥスタン・ユニリーバ**です。

同社は、インドのBOP層が買えるように、1回使いきりサイズに小分けしたボディーソープを売り始めました。1本数百円するボディーソープも小分けにすれば、数円で販売できます。

秀逸だったのは、「**シャクティ・プロジェクト**」と称して、インドの貧しい農村地域の女性を集めて、自社商品の訪問販

BOPビジネスとは

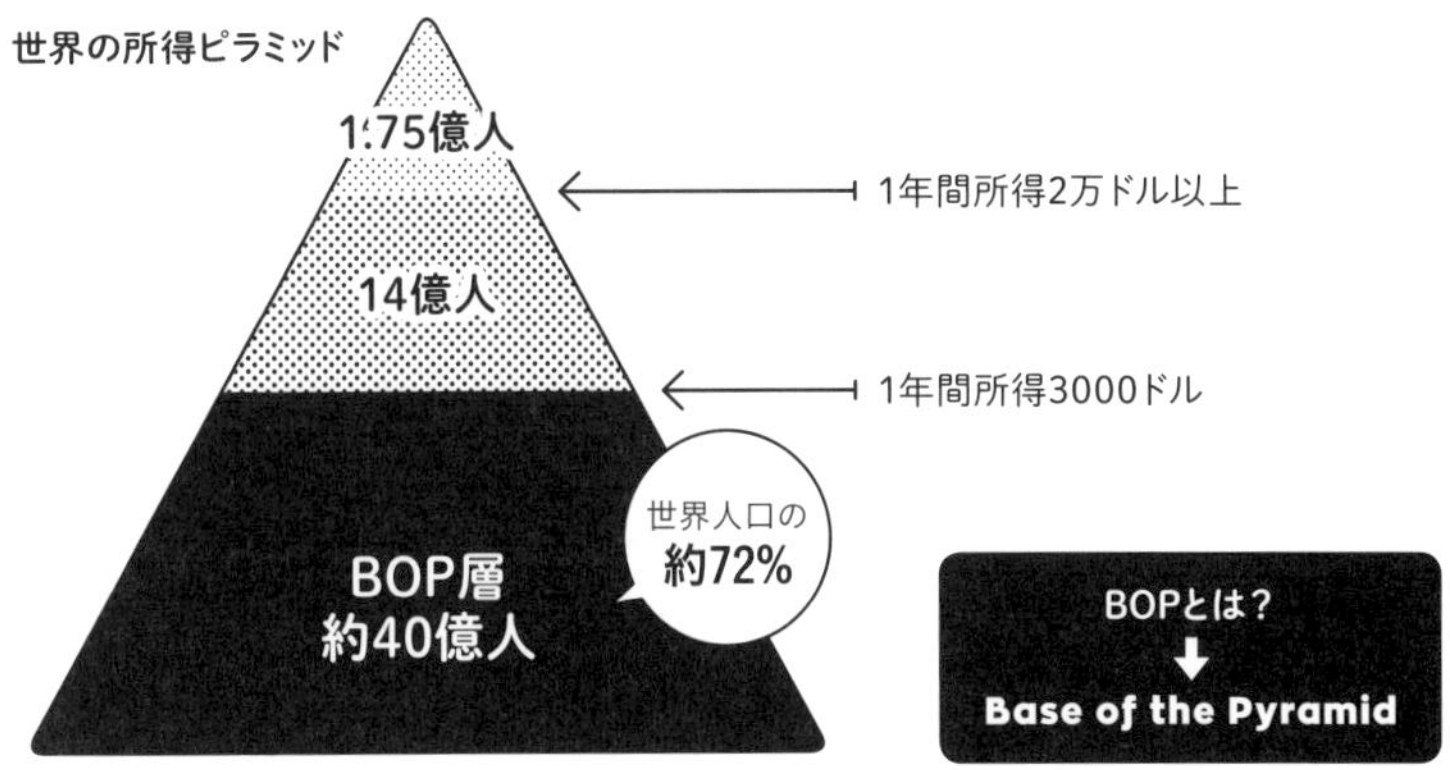
世界の所得ピラミッド
1.75億人
1年間所得2万ドル以上
14億人
1年間所得3000ドル
世界人口の
約72%
BOP層
約40億人
BOPとは？
Base of the Pyramid

売員として育て、彼女たちに小分けのソープを販売してもらったこと。こうすることで、彼女たちに収入源をもたらして経済的自立を可能にするとともに、貧困層の人たちに市場を拡大したのです。ボディーソープを売ることは、「せっけんで手を洗う」という習慣をもたらし、衛生面を向上させるため、社会貢献にもなっています。

シャクティの女性が経済的に自立すれば、その人たちに購買力がつきます。そうなれば、ユニリーバの商品を買うようになるでしょう。また、貧困層の人たちにも、ブランド名が浸透していますから、他の商品も買ってくれるはずです。こうして、ヒンドゥスタン・ユニリーバはマーケットを育てていきました。

その他、特殊な防虫蚊帳をアフリカで現地生産・販売した**住友化学**や、納豆菌などを使った水質浄化剤をバングラデシュなどの人たちが販売する仕組みをつくった**日本ポリグル**なども、BOPビジネスの成功例です。

以上の「顧客を法人、個人向けにシフトする」「顧客を関係先にシフトする」「顧客の地域を集中する」「顧客を特定層

Q あなたは、地元客を主なターゲットとした街の小さなパン屋さんだったとします。その場合、「顧客のシフト」をいかにして行いますか。考えてみてください。

に集中する」「グローバル化」の5つの観点から顧客をシフトすると、新しいビジネスモデルのアイデアが生まれてきます。実際に5つの視点でビジネスを考えてみてください。

私が行っている授業では、ステップ2は、次のステップ3の「顧客価値をシフトする」と一緒に考えてもらうようにしています。顧客と顧客価値は必然的につながってくるからです。みなさんも、ステップ2とステップ3を同時に考えていただくと、発想が浮かびやすくなるはずです。

〈ステップ2のまとめ〉

❶顧客を法人向け、個人向けにシフトする　❷顧客を関係先にシフトする　❸顧客の地域を集中する　❹顧客を特定層に集中する　❺グローバル化

ポイント

従来の顧客ではなく、「関係する新しい顧客は誰か」と考えることで、新たなビジネスモデルのヒントが見つかります。

A

たとえば次のようなことが考えられます。

- 顧客を「パン屋」にシフト→同業のパン屋さんにパンを提供する
- 顧客を「菜食主義者」にシフト→肉の入ったパンを一切販売しない
- 顧客を「アレルギーを持った人」にシフト
  →米粉などアレルギーを起こしにくい素材を使い、成分を明記
- 顧客を「遠隔地の消費者」にシフト→ピザのようにデリバリーをする

Question 05

たとえば幼稚園の顧客は、園児だけではなく、＿＿・＿＿＿を考えていく。

Question 06

顧客の地域を集中するとは、さまざまな地域の顧客を相手にするのではなく、＿＿＿＿＿の顧客に集中するという考え方。

Question 07

地域集中のメリットは、＿＿効率、＿＿＿アップ、他社の＿＿＿＿になる、などがある。

Question 08

顧客を特定層に集中するとは、特定の＿＿＿＿＿の顧客だけに集中することで、他社と＿＿＿できるビジネスモデルをつくり出す方法。

Question 09

たとえばサウスウエスト航空は＿＿の大きな路線だけに集中。その路線のチケットを低価格で売ることで、＿＿＿＿＿を生み出し、顧客をつかんでいる。

Question 10

漫画全巻ドットコムのように＿＿＿なセグメントに絞り込む方法もある。

Question 11

グローバル化とは、国内から、＿＿の顧客にシフトしていくこと。

Question 12

海外でモノを売ることを考えるときは、世界の人口約70億人中約＿億人が貧困層であるため、ＢＯＰ（＿＿＿＿＿＿＿＿＿＿＿＿＿）を考える必要がある。

Examination

Part 3-2

「ビジネスモデル構築７ステップ」テスト②

あなたにとって顧客は誰かを考える

第3章ではビジネスモデルを構築するための７つのステップを解説しています。ステップ2は「顧客のシフト」。今の層とは異なる層の顧客を考えていきます。それでは、「おさらい」してみましょう。

＊設問の答えは177ページに掲載しています

Question 01

「顧客のシフト」とは、今の顧客とは異なる＿＿の顧客をターゲットにすること。

Question 02

顧客を法人向け、個人向けにシフトするとは、たとえば法人をターゲットにしていた（＿＿＿＿）ところを、個人（＿＿＿＿）に転換するなど。

Question 03

たとえばグリコの＿＿＿＿＿＿は、自社のお菓子の入った箱を、契約したオフィスに置くモデル。

Question 04

顧客を関係先にシフトするとは、顧客のまわりにいる＿＿＿にスポットをあて、「顧客」にシフトする方法。

STEP 3 顧客価値をシフトする

Shift Your Value Proposition

何をいくらで提供するかを変える

ステップ2で「顧客をシフトする」ことを考えたら、ステップ3では「顧客価値をシフトする」ことを考えてみます。顧客価値とは「顧客にどのような価値を提供するか」ということですから、3つの箱でいえば真ん中の「顧客価値」の箱にあたります。ステップ2の「顧客」とステップ3の「顧客価値」は一緒に考えていきましょう。顧客価値をシフトする視点は、21点あります。重複しているように思えるものも考えやすいようにあえて分けています。

❶ 顧客に提供する価値を「モノからサービス、あるいはモノ＋サービス」にシフトする。「サービスからサービス＋モノ、あるいはモノ」にシフトする

Shift from Goods to Service etc.

ビジネスモデルの3つの箱

製造過程
（バリューチェーン）
Value Chain
顧客価値
Value Proposition
顧客
Client or Customer

モノを提供するのではなく、サービスの提供に変えたり、モノに加えてサービスも提供する方法にシフトしたりします。

モノからサービスの提供に変えて成功した例として、よく知られているのが、**IBM**です。ルイス・ガースナー氏は死に体だったIBMを復活させました。主力だった大型コンピューターやパソコンの製造販売事業を中国のレノボなどに売却し、プライスウォーターハウスクーパースなどを買収して、ソリューション（問題解決）サービス、コンサルティングサービスを提供する会社へと方向転換し高収益体質への変身を遂げたのです。このように製品のことをよく知っているメーカーが顧客に対して最もよいものをアドバイスするコンサルティングサービスへの進出は考えられるでしょう。

ITの進化に伴いクラウドサービス化も顕著に起きています。クラウドとはもともと雲の意味で、インターネット上にソフトウェアの機能を置いてインターネット経由でさまざまな端末から利用できるようにするサービスです。たとえば、大手会計ソフト会社の**MJSミロク情報サービス**は会計ソフ

Book

『巨象も踊る』ルイス・V・ガースナー著
崩壊の瀬戸際にあったIBMにCEO（最高経営責任者）として乗り込み、見事に復活させたガースナーによる経営書。

IoT（モノのインターネット）やクラウド化により、メーカーは今後サービスとの組み合わせが重要になるでしょう。

トを従来のパッケージソフトの販売に加えて、クラウドで提供するサービスを開始しました。提供するサービスの範囲の違いで、「ＳａａＳ」「ＰａａＳ」「Ｈａａｓ・ＩａａＳ」の3つがあります(「経営戦略」54)。安価でスピーディーに利用できることから今後も拡大が続くでしょう。

ヒルティという電動工具メーカーも、モノからサービスの提供に転換し、成功しました。同社は「常に手入れされている電動工具を使えるように」と、電動工具の販売から、工具のリースに方向転換しました。従来顧客である工務店などは購入した電動工具が故障した際には自ら修理する必要があったため、その期間工事ができなくなるというリスクを抱えていました。しかしリース方式になったことで故障した工具はすぐに使える工具に取りかえてもらえるようになったので効率が格段に向上したのです。一方ヒルティも当初はモノの販売をやめることで利益は短期的には減少しましたが、長期的には利益が上がり、全世界でこのサービスを展開しています。

スポーツシューズメーカーの**ナイキ**が始めたスマートフォ

Service

ヒルティ

本社はリヒテンシュタイン公国で、世界120カ国以上に展開している。建設用の工具などを製造・販売するヨーロッパを代表する多国籍企業。

MJSミロクのクラウドサービス

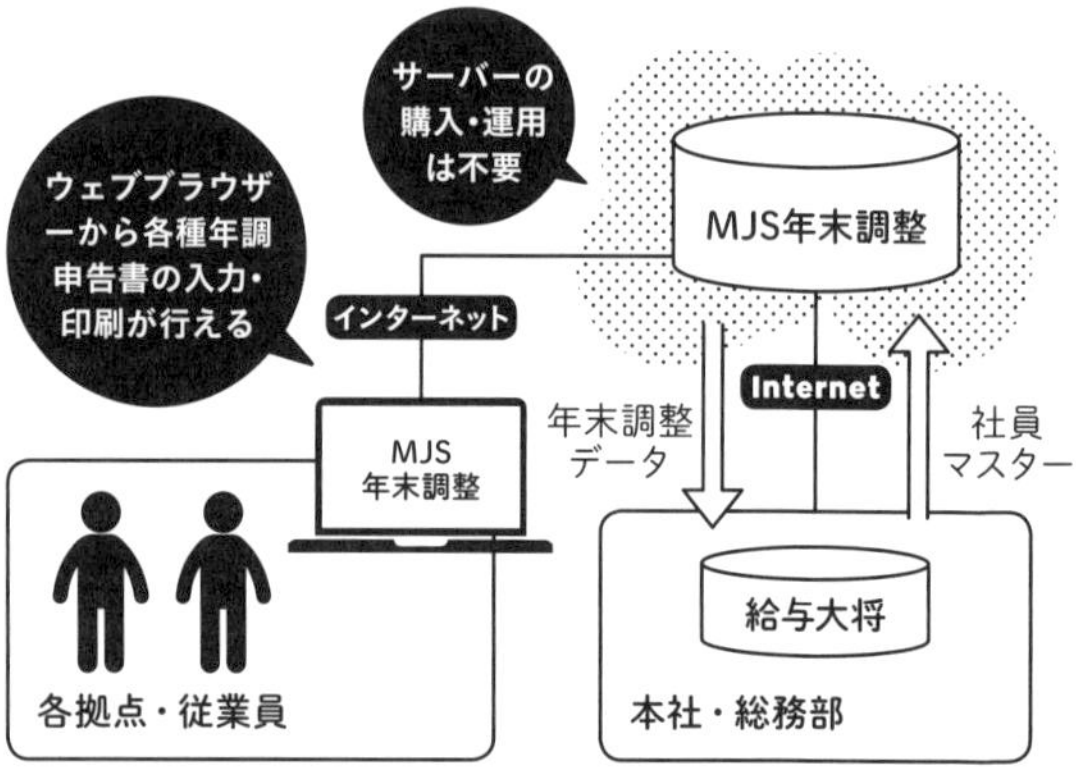

ン用アプリ「ナイキプラス」も、モノにサービスを付加した例です。このサービスは、GPS（位置情報サービス）によって走った距離がわかるだけでなく、ソーシャルメディアと連携していて、走った距離がソーシャルメディア上にアップされます。友達同士で励まし合ったり、走行距離を友達と競い合ったりできるわけです。単にスポーツシューズを売るのではなく、みなでランニングをしようというサービスと連動し成功しました。

建設機械メーカーの**コマツ**も、モノだけでなくサービスもセットで売ることで成功しました。同社の建機の特徴は「KOMTRAX」システム。全世界の建機にGPSとセンサーが搭載されていて、位置情報とともに、トラブル情報や部品の交換時期の情報が送られます。これによって、壊れる直前に修理ができるようになりました。IoT（「経営戦略」53）の一種ともいえます。クライアントにとっては、故障で建機が使えなくなって工期が遅れるリスクが減りますし、コマツから見れば、部品修理の仕事を他社に委託されるリスクも減ることで収益性の高い純正品を販売できるようになりました。

コマツのサービス

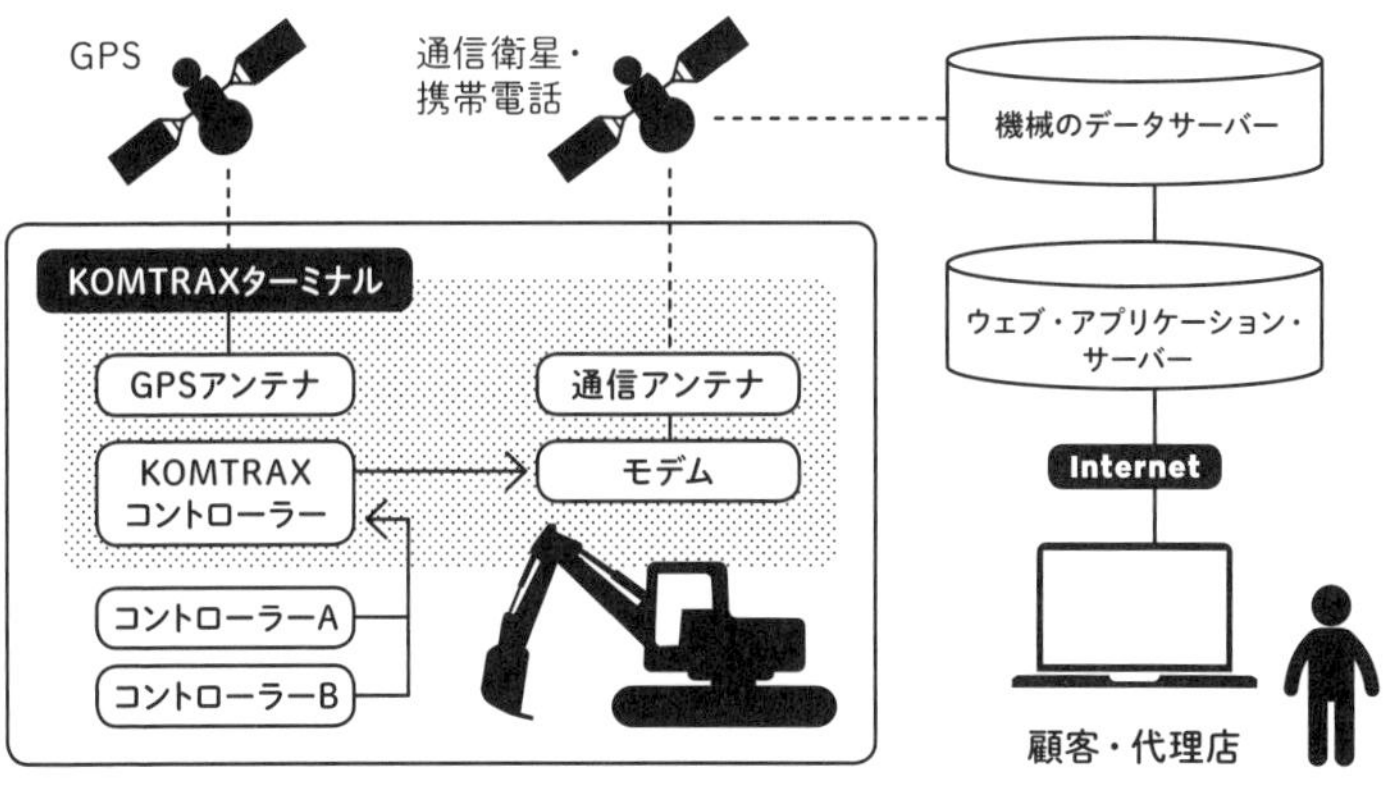
GPS
通信衛星・
携帯電話
機械のデータサーバー
KOMTRAXターミナル
GPSアンテナ
通信アンテナ
KOMTRAX
コントローラー
モデム
コントローラーA
コントローラーB
ウェブ・アプリケーション・
サーバー
Internet
顧客・代理店

また、遠隔操作で建設機械を使用不能にできることから、海外では機械の盗難防止にも役立っています。中国などでの代金未回収クライアントへの対抗手段としても利用されています。

また、**アシックスストア**は、一部の店舗ではマラソンランナー用のシャワールームを提供していますが、そこでは一人ひとりのランナーの足に合った靴を定価で販売しています。これも「モノ＋サービス」「ソリューション提供型」のビジネスモデルといえます。

富士ゼロックスがコピー機を売るだけでなくドキュメントに関するソリューションを行っていることや、**ソニー生命**が生命保険の販売だけでなく、顧客の資産運用のアドバイスまでしているのも、その例です。

金型用部品の商社である**ミスミ**の「購買代理店」というビジネスモデルも、ソリューション提供型のひとつに挙げられます。同社は、中小企業と部品メーカーの間に立ち、中小企業から部品をまとめて受注。複数のメーカーから最適な商品を探し、メーカーと価格交渉をすることで、安くてニーズに

モノとサービスをいかに組み合わせるかが重要です。

Service

アシックス

1949年創業、兵庫県神戸市に本社を置くスポーツ用品メーカー。日本全国に7店ある直営のアシックスストアでは、最新のテクノロジーを導入してさまざまな提案をしている。ランナーにメリットを与えて、商品を定価で販売することに成功。

合った商品を提供しています。このため購買代理店と呼ばれているのです。

セキスイハウスや**ミサワホーム**などの住宅メーカーが、家だけではなく、10年ごとの点検を一緒に売ることも、モノにサービスの提供を加えた一例です。10年点検があることで、顧客にとっては安心が得られ、メーカーにとってはメンテナンスでも利益が得られます。あとで稼げる分、当初の住宅費用を安く抑えて、トータルとして収益が上がるような仕組みを取っているのです。

また**コンサートや講演会**というサービスを提供する際にグッズや本、CDなどのモノを売る事例はサービスにモノを付加している事例といえるでしょう。すなわちフロントは講演会、バックエンドとして本などのモノを提供するモデルともいえます（103ページ参照）。人気グループのエグザイルのコンサートでは、1日でTシャツなどのグッズが1億円以上売れるそうです。

モノからサービス、あるいはモノ＋サービスに転換して成功した例

IBM	コンピューターやパソコンの製造販売	⇨	ソリューション、コンサルティング
ヒルティ	電動工具の販売	⇨	電動工具のリース
コマツ	建設機械の販売	⇨	建機＋KOMTRAX
アシックス	ランニングシューズの販売	⇨	ランニングシューズ＋シャワールーム＆靴のアドバイス

❷ 競合の逆張りにシフト

Resistance

競合他社が何をしているかを調べ、その逆を考えてみると、新たなビジネスモデルのヒントが得られます。

「高級品を低価格化する」のは、その手法のひとつ。

高級フランス料理を立ち食いにすることで価格を下げ、人気を博している俺の株式会社による**「俺のフレンチ」「俺のイタリアン」**などは、その典型例です。

他にも、牛丼の**吉野家**も高級品であるすき焼きを低価格化したといえるのではないでしょうか。**天丼てんや**も高価とされているてんぷらを低価格化して成功した例と見ることもできます。誰でも高級品を安く得られればうれしいので、ヒットする確率は高いでしょう。

しかし高価なものを安くするには、売上を決める「単価×来店客数×回転率（リピート回数）」において、どの要素を変更するかを検討する必要があります。

単価を下げる代わりに、その他を上げることが必要になり

『俺のイタリアン、俺のフレンチ――ぶっちぎりで勝つ競争優位性のつくり方』坂本孝著

「ブックオフ」の創業者で16年間で1000店舗に成長させた著者による、前代未聞のレストラン・ビジネスの軌跡。

売上の要因を分析することで新たなビジネスモデルが生まれてきます。

ます。俺のフレンチは材料費は下げずに立ち食いにより回転率を上げる方法を採りましたし、牛丼の吉野家は大量購入で材料費を下げ、ファストフード化して回転率を上げることで価格を下げました。

また、天井てんやは、丸紅の水産部がてんぷらの素材を輸入していて、その販路でもあるため、材料コストを安く抑えることができました。回転ずしのように、機械化によって低コスト化する方法もあります。

他にもおいしい餃子《ぎょうざ》を自動でつくる機械を駆使して低価格化に成功し、多店舗展開している**きょうざの満州**という埼玉の餃子屋さんもあります。

ただ、当然ながら、単に安くすればよいわけではありません。インドの**タタ・モーターズ**の低価格自動車は、性能が悪く、発火などの事故が多発したので、事業として失敗してしまいました。

あくまで品質を維持しながら安くすることが必要です。

一方、「低価格品を高級化する」のも、逆張りのビジネス

競合の逆張りにシフトする例

売上＝単価×来店客数×回転率（リピート回数）

⇩

単価を下げて↓　客数と回転率を上げる↑

モデルを生み出す方法のひとつです。近年のミネラルウォーターは、その典型的な例でしょう。味のよさや、健康、ダイエット、美容効果などを訴求することで、水を高級品化することに成功しました。中には、300ミリリットルで9000円もする水もあります。お茶も従来は家で自分で入れて飲むもの、水筒に入れて持っていくものが主流でしたがペットボトルの普及もあり今では買うものになりました。

ブルー・オーシャン戦略

Blue Ocean Strategy

ブルー・オーシャン（「経営戦略」27）を見つける方法である「増やす」「減らす」「付け加える」「取り除く」も、逆張りのビジネスモデルを見つけ出す方法です。特に「減らす」「取り除く」と、他にないビジネスが生まれやすい傾向があります。

たとえば、**スターバックス**は店内を禁煙にしました。元祖LCCである**サウスウエスト航空**は、機内食などのサービスを取り除くことで、長距離バスにも対抗できる低価格を実現

Book

『ブルー・オーシャン戦略――競争のない世界を創造する』W・チャン・キム、レネ・モボルニュ著
T型フォードからシルク・ドゥ・ソレイユまで、過去120年間30以上の業界で生み出されたブルー・オーシャン戦略を調査。

ブルーオーシャンの「減らす」「取り除く」で成功した例

スターバックス	タバコ
QBハウス	シャンプー、ブロー、パーマ、予約、釣り銭
サウスウエスト航空	機内食
カーブス	男性、鏡、プール、シャワー
スーパーホテル	電話、チェックインカウンター、ベッドの下の隙間
イケア	組立作業
セブン銀行	窓口業務

しました。

シャンプーやパーマを取り除いてカット料1000円を実現した**QBハウス**も大成功した実例として『ブルーオーシャン戦略』で紹介されています。

他にも窓口業務をなくしATM（現金自動預け払い機）に特化した**セブン銀行**、シャワーや鏡、プールをなくすことで主婦が手軽に普段着で男性の目を気にせずに運動ができるフィットネスクラブ「**カーブス**」もスーパーなどの近くに立地することで急成長しています。

チェックインを自動にして電話などをなくして低価格化で成功した**スーパーホテル**、家具の組み立てを購入者が自ら行うスタイルで成功した**イケア**など、この例は枚挙にいとまがありません。

❸同一の顧客に提供する価値を複数化する

Platform Strategy

同じ顧客に複数の価値を提供できるようにすることです。

その方法としては、次のようなことが考えられます。

Service

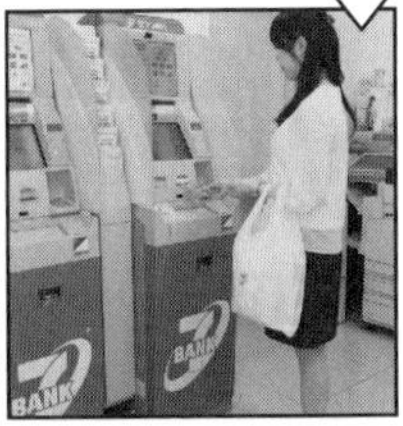

セブン銀行

セブン＆アイ・ホールディングス傘下の銀行。セブン-イレブン中心に駅や空港など2万台以上のATMを設置。提携金融機関からのATM手数料が収益の柱。

QBハウスの価格曲線

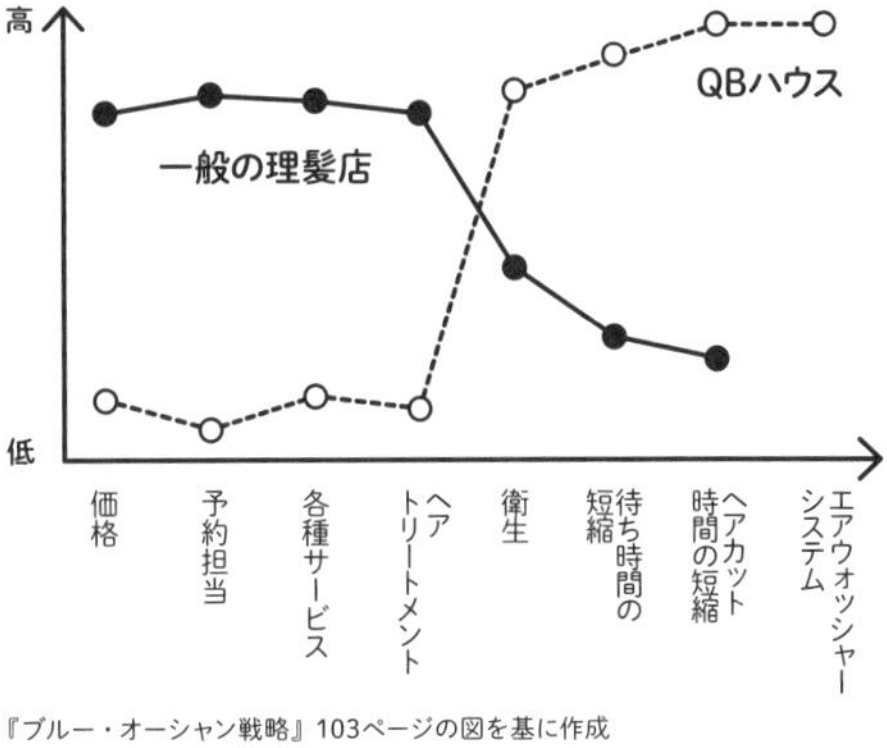
高
低
一般の理髪店
QBハウス
価格
予約担当
各種サービス
ヘアトリートメント
衛生
待ち時間の短縮
ヘアカット時間の短縮
エアウォッシャーシステム

『ブルー・オーシャン戦略』103ページの図を基に作成

まずは「自社＋他社」にシフトする。自社のものだけでなく、他社のものも一緒に提供するビジネスモデルです。

以前、赤坂の喫茶店に入った際に食べたケーキがあまりにもおいしかったので、「ここのケーキ、おいしいですね」と店員さんに言ったら、「実は、青山の○○さんのケーキなんです」と言われたことがありました。お客から見れば、おいしいケーキが買えればよいだけですから、他のケーキ屋さんのケーキでもＯＫなのです。

つまり自社製品にこだわらず、あくまで自社の製品やサービスを提供する対象となる顧客がほしいと思うであろうものを提供するという考え方です。

「自社＋他社」にシフトしたいときに有効なのが、プラットフォーム戦略®（「経営戦略」㉘）です。「場＝プラットフォーム」をつくり、多くの人や企業に参加してもらうことで、自社だけが提供するよりも、多様な商品を提供できるようになります。**アマゾン**、**楽天**、**DeNA**、**LINE**など、21世紀の勝ち組企業の多くがプラットフォーム戦略®を採用しています。

Book

プラットフォーム戦略

『プラットフォーム戦略』平野敦士カール他著

楽天、ツイッター、フェイスブック、任天堂など、21世紀も高成長を続ける企業に共通する「プラットフォーム戦略」を解説。

ショッピングモールのプラットフォーム

他社の力を利用して集客→利益率の高い自社のビジネスへ誘導していく

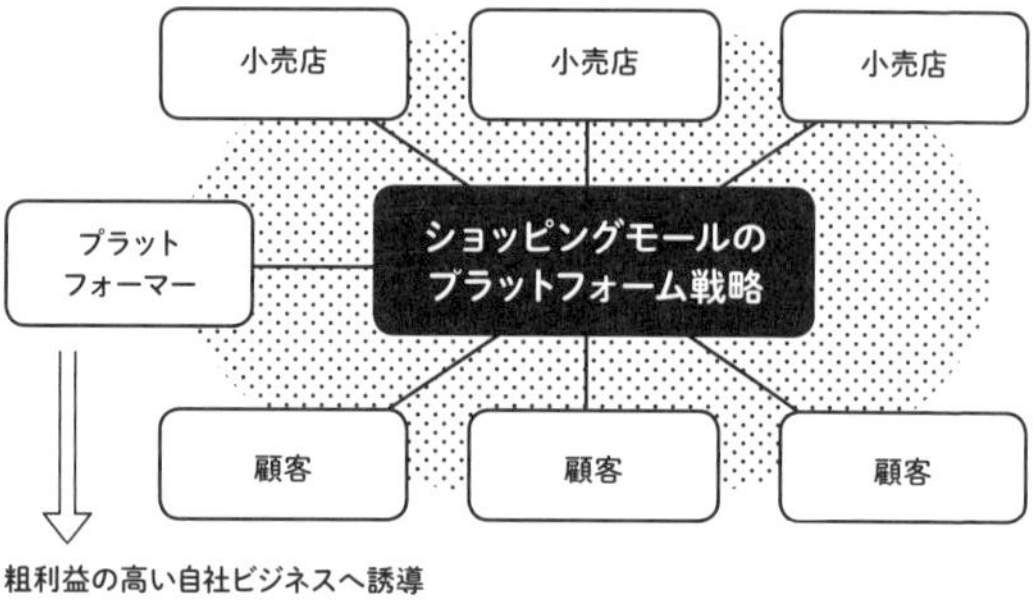

小売店
小売店
小売店
プラットフォーマー
ショッピングモールのプラットフォーム戦略
顧客
顧客
顧客
粗利益の高い自社ビジネスへ誘導

プラットフォーム戦略®は株式会社ネットストラテジーの登録商標です。

オープン化

Open Architecture

「オープン化」は、自社の持っている「場」(プラットホーム)を他社に開放することで、さまざまな企業がサービスを提供できるようにし、場の強化を図ることです。

　マイクロソフトはOS(オペレーション・システム)の**「ウィンドウズ」**上で動くソフトを、他社がつくれるように仕様を公開することで、ユーザーに多種多様なソフトを提供できるようになりました。

　同社の手法は**「コア・プラス・フリンジ」**とも言い換えられます。OS側をコア(核)としたら、それを支えるソフト「オフィス」や動画再生ソフトなど、さまざまなサービスはフリンジ(補完財)です。オープン化することで、フリンジがどんどん増え、コアの価値が上がっていきます。

　フェイスブックが急成長した理由のひとつもこのオープン化です。具体的にはフェイスブック上で動くゲームソフトの仕様を公開したことで**ジンガ**など多くの企業がゲームアプリ

フェイスブックのオープン戦略

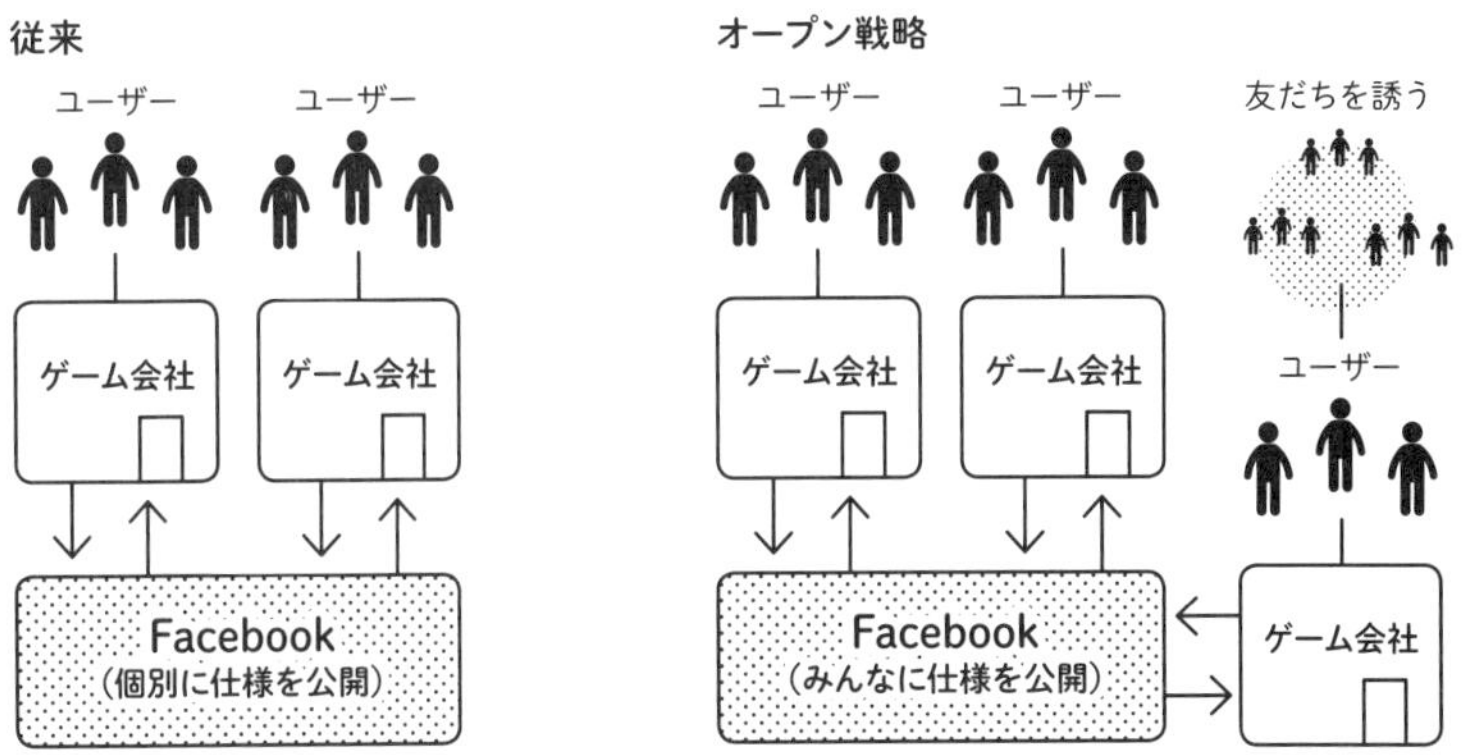

を提供しました。これによりユーザーが自分の友達をゲームに誘うようになり、フェイスブックの会員数は急増していったのです。

パッケージ化
Packaging

2つ以上の商品を組み合わせてひとつのパッケージにすることです。たとえば、**H・I・S**や**JALパック**のような航空券とホテルを一緒にしてひとつのツアーにするような例があります。

マイクロソフトが提供している「**オフィス**」も、パッケージ化の成功例。エクセルやワード、パワーポイントなどをまとめて使えるようにOSと連携したことで、これまでマーケットシェアを取っていた「ワードパーフェクト」や「ロータス1-2-3」といったソフトを駆逐しました。

ただしOSとのバンドリング（束にすること）は独占禁止法の対象となるリスクがあるので注意が必要です。

パッケージ化

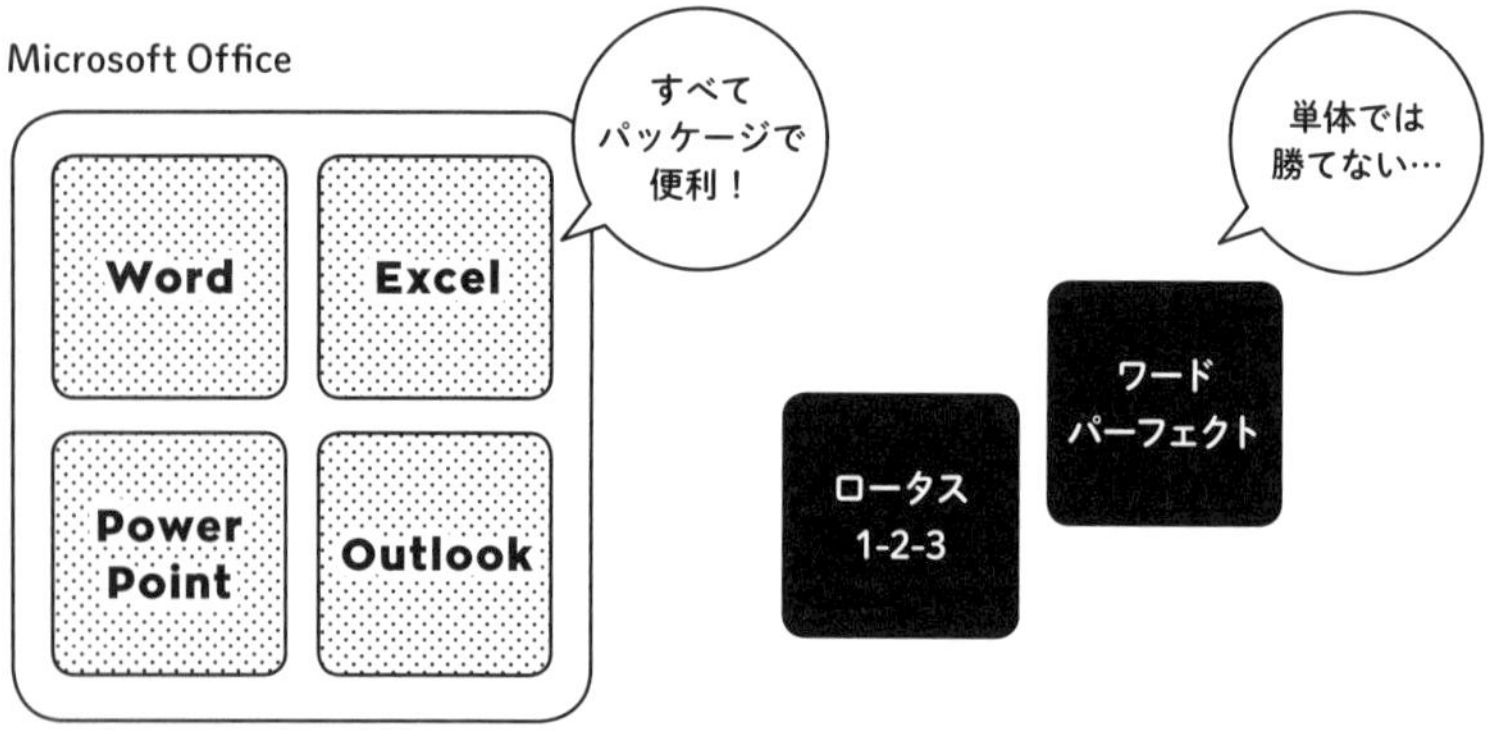
Microsoft Office
Word
Excel
Power Point
Outlook
すべてパッケージで便利！
単体では勝てない…
ワードパーフェクト
ロータス1-2-3

多角化

Business Diversification

トヨタ自動車は、グループ会社に**トヨタファイナンス**という金融会社を持ち、新車販売の際に、自動車ローンやクレジットカードサービスなどを提供しています。さらには住宅メーカーである**トヨタホーム**と連携し住宅ローンの提供も行っています。他にも自動車保険の販売などで収益の多角化をしています。

❹ 時間短縮化・省手間化

Time Reduction etc.

これまでよりも時間や手間がかからなくすることで、顧客価値を生み出す方法です。**タイムベース競争**（「経営戦略」㊼）の考え方です。一人暮らしや核家族化が進み忙しい現代人のライフスタイルに対応したビジネスモデルといえます。古くはカップラーメンやレトルト食品などが、この考え方から生まれ、**日清食品**のカップヌードルは世界的なヒット商品

Company

日清食品

1948年創業の食品製造会社。1958年に創業者の安藤百福氏がチキンラーメンを開発。1971年にカップヌードル発売など、多くのブランドを手がける。

になっています。
通販サイトの**アマゾン**のアマゾンプライムは有料会員になると翌日には荷物が届くなどの付加サービスで、時間短縮化で支持を得ています。**楽天**も「あす楽」を開始しています。
多少の追加料金を払っても時間が短縮でき買い物に行く手間が減ることを支持する顧客はますます増えていくでしょう。
オフィス用品通販の**アスクル**も、文字通り「明日来る」サービスで、重宝されています。それまで大企業はオフィス用品などの大口割引サービスが受けられましたが中小企業にはそのような特典はありませんでした。アスクルはそうした中小企業に的を絞って安くかつ迅速にオフィス用品を提供することで支持を得ました。町の文房具屋さんをネットワーク化することで中小企業からの受注を得ることに成功しています。

❺ 階層化
Layering

階層化とは、自社の製品・サービスに、ファーストクラスなどの上級コースや格安商品など他のランクの商品をつくる

Company

アスクル

従来の流通構造を機能的かつ合理的にリデザインした独自の流通プラットフォームで、1993年にサービス開始。オフィス用品や工場・研究所、医療・介護施設などさまざまな仕事場の必需品を最短当日のスピード配送で届ける。2012年からはヤフーの協力のもと個人向け通販「LOHACO」（ロハコ）を展開している。

Company

トヨタ自動車

1937年創業、日本を代表するグローバル企業として、世界各地に拠点を持つ。ブランドとして「トヨタ」「レクサス」「サイオン」を展開する。

ことです。「松竹梅」をつくるといえばわかりやすいでしょう。商品の複数化と似ていますが、商品の複数化は同一の顧客に対して複数の商品やサービスを提供することを指しているのに対して、階層化は異なる顧客ターゲットに対して異なる商品を提供していくものです。

たとえば、**トヨタ自動車**は、高度成長期に、大衆車のカローラ、中級車のコロナやマークⅡ、高級車のクラウンというようなラインアップをそろえました。当時多くの人は、できるだけ高級な車に乗ってみたいと考えていたことから「いつかはクラウン」という宣伝文句が人気となりました。顧客の「高級車に乗りたい」というモチベーションを刺激し、年収が上がるのに従ってカローラから徐々にステップアップしていくという流れをつくることに成功しました。買い替えの過程で、他社に乗り換える可能性もありますが、カローラの段階でトヨタファンになれば、将来的にはより高価な車を売れることにつながったわけです。

時計の**スウォッチ・グループ**も、同様に商品の階層化をして成功しています。低価格のスウォッチから始まり、中クラ

人は松竹梅の「竹」を選ぶ傾向が強いといわれています。したがって階層的には「松」と「梅」をつくればよいのです。

Product

スウォッチ・グループ

1983年創業、スイスに本拠地を置く、世界最大の時計製造グループ。世界30カ国以上で、18のブランドを展開している。強みをファッション化することで大人気になった。

スのティソやサーチナ、ハイクラスのロンジン、さらに高級なオメガやブランパンというように、多数のブランドをそろえています。スウォッチは時計をファッションアイテム化することで大ヒットしましたが、これにより部品の購買価格も下がりコスト削減に貢献しました。高級品は宝飾品として利益率も非常に高くなっています。

同様に**VISA**、**MASTER**、**JCB**、**アメリカン・エキスプレス**などのクレジットカードや**JAL**、**ANA**などの航空会社のマイレージ会員制度なども、いくつかのコースが用意されています。上のコースになればなるほど、ポイントの倍率アップや空港ラウンジ利用などのサービスが充実するのは、みなさんもご存じのとおりです。上級の上にさらに上級をつくると、人はよりグレードアップしたくなるものです。近年クレジットカード会社も新たにプラチナ会員やブラック会員などの上級会員制作を開始するところが増えています。

ベネッセの「こどもちゃれんじ」と「進研ゼミ」も階層化の成功例といえます。幼稚園児以下のこどもちゃれんじから、小学1年生以降の進研ゼミへとステップアップする流れがあ

Service

こどもちゃれんじ

ベネッセによる0〜6歳向けの幼児向け家庭学習用教材。子どもの月齢や年齢に合わせて、毎月さまざまな教材が届く。キャラクターの「しまじろう」が有名。

所得の上昇や年齢に対応した新しい製品・サービスをつくることが大切です。

りますが、学年が上がるごとに料金が高くなっていきます。もちろん内容が高度になるために当然ではあるのですが、まずは安く使ってもらってよさを知ってもらい、後で利益を得る戦略ともいえるでしょう。

❻専門化・特定市場ナンバーワン化・限定化

Specialization etc.

製品カテゴリーを絞って専門化することで、その分野でナンバーワンになるというビジネスモデルです。

たとえばファスナーで世界一のＹＫＫ、小型モーターで世界シェアトップの**マブチモーター**、塩化ビニルで世界シェアトップの**信越化学工業**などはある分野に特化して成功しています。飲食店でも「パンケーキ専門店」や「シューマイ専門店」など、さまざまな専門化が進んでいますね。ノウハウを積み上げていけば、他社にない価値を生み出せ、顧客のニーズを満たすことができるのです。

限定化には、製品カテゴリー以外にも、さまざまな方法が考えられます。たとえば、「富裕層限定の資産運用コンサル

限定化の例

対象者	富裕層限定の資産運用コンサルティング、女性限定のマンション、子ども限定のケーキ店
数量	限定生産30個まで、1人2個まで、
時間	朝市、タイムセール、営業日時を減らす

ティング」など、「対象者」を限定したり、「限定30個」までというように、「数量」を限定する。あるいは、朝市やタイムセールをしたり、営業時間を「土日の午前中だけ」などと絞ったりするような「時間」を限定する方法もあります。顧客は限定されることで「プレミア感（希少性）」を感じるために価格を高めに設定しても売れるのです。

❼漁夫の利化

Play both Ends against the Middle

漁夫の利とは、二者が争っている隙に、第三者が利益を横取りするたとえ。転じて、漁夫の利化とは、あるブームが起きている際にそのブームで競争するのではなくブームに参加する人や会社を顧客化する方法です。

たとえばアメリカ西海岸でのゴールドラッシュの際に、一番もうかったのは**リーバイス**。金脈を掘り当てようと多くの人が殺到しましたが、金を掘り当てた人はほとんどいませんでした。しかし彼らの多くは作業着のズボンが破けてしまったためにジーンズを大量に購入したのです。

リーバイスの「漁夫の利」

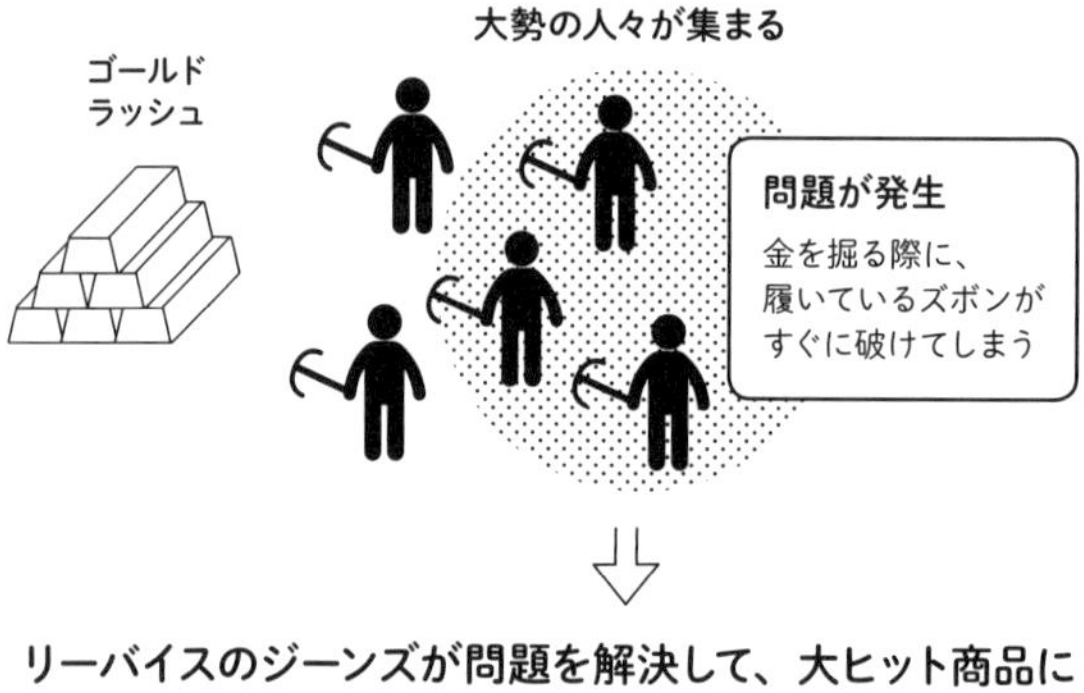
大勢の人々が集まる
ゴールド
ラッシュ
問題が発生
金を掘る際に、
履いているズボンが
すぐに破けてしまう
リーバイスのジーンズが問題を解決して、大ヒット商品にスマホゲームがブーム化した際にゲームクリエイターを養成する学校が人気になった例などもあります。

❽カスタム化、半製品化

Tailor Made

カスタム化とは、製品を顧客の要望どおりにつくり上げるいわゆる「オーダーメイド」化です。一方、半製品化とは、あらかじめ製品を途中までつくっておき、仕上げは顧客の希望を聞いてから行うこと。「ハーフメイド」とも言います。

前出の**ミスミ**は、半製品化のビジネスモデルを取り入れることで成功しています。同社は、金型用部品をカタログ販売している商社ですが、金型用部品は同じような商品に見えても、顧客によって仕様が微妙に異なります。たとえば同じ形のネジでも、長さ3・5ミリを求める企業もあれば、3・6ミリ、3・7ミリを求める企業もあります。従来は、たくさん在庫を持つことで対応していましたが、ミスミはそこに風穴を開けました。たとえばあらかじめ4ミリのネジをつくっておき、顧客の近くの工場に持って行って、そこで要望どお

ミスミの「カスタム化、半製品化」

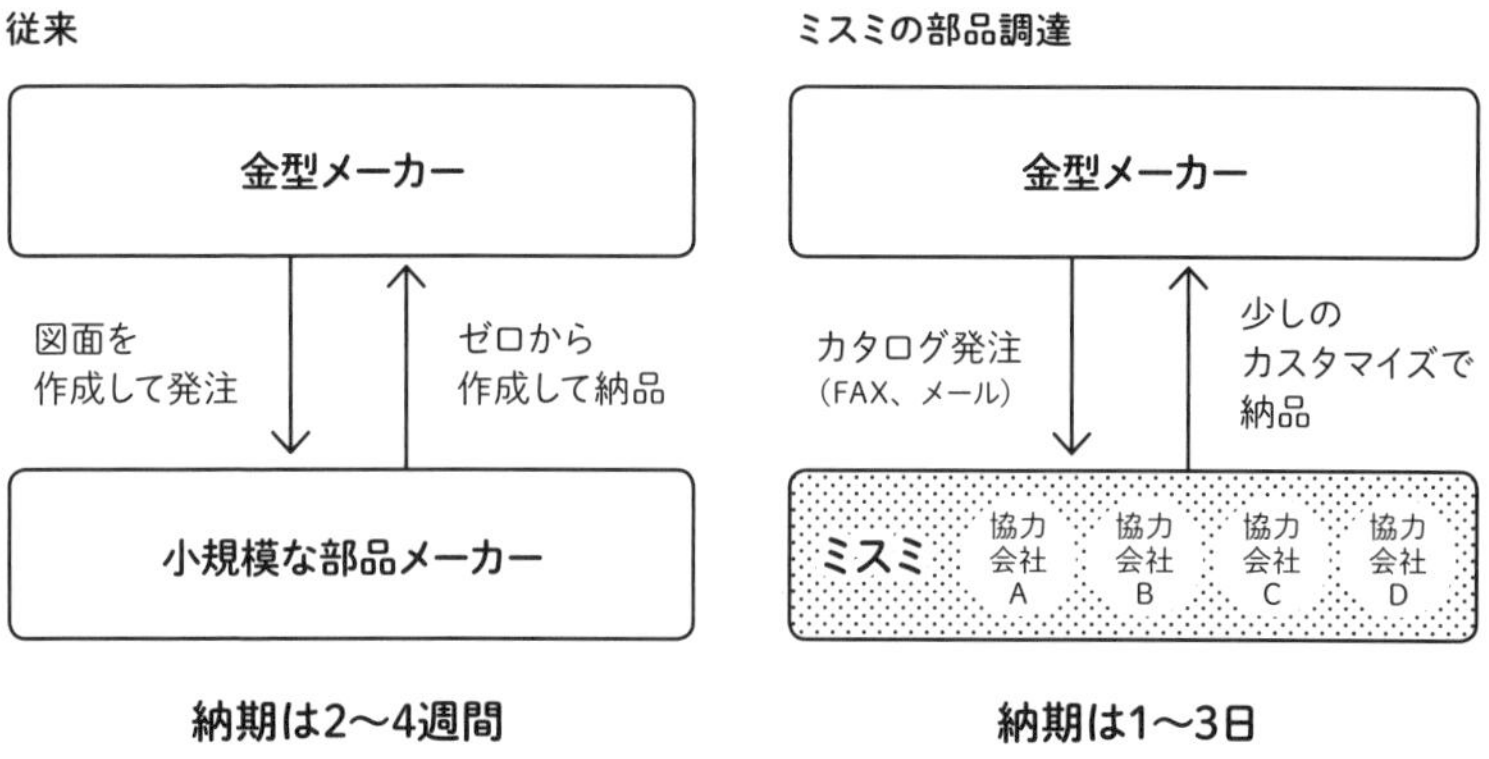

従来
金型メーカー
図面を
作成して発注
ゼロから
作成して納品
小規模な部品メーカー
納期は2〜4週間
ミスミの部品調達
金型メーカー
カタログ発注
(FAX、メール)
少しの
カスタマイズで
納品
ミスミ
協力
会社
A
協力
会社
B
協力
会社
C
協力
会社
D
納期は1〜3日

りの長さに最終的に調整するのです。こうして、従来よりも在庫を大幅に減らすことに成功する一方で、要望どおりの商品を安く迅速に提供できるようになりました。

ちなみに、逆に「既製品化する」つまり「カスタムをしない」ことで、低価格化を実現し、多くの顧客から支持されたのが、小型モーターを製造する**マブチモーター**です。同社は、あまりに多様なモーターの注文が舞い込み、カスタマイズ化では収益が悪化してしまうことから方向転換。限られた種類のモーターだけをつくることにして、「うちはこのパターンしかつくらないので、御社が合わせてくれませんか？　その代わり、安くしますよ」とメーカーにお願いしたのです。それが多くの企業に受け入れられ、世界一のシェアを獲得しました。

❾ 中古市場
Used Market

既存のビジネスで新品を売っているなら、中古も売ってみようという考え方です。**アマゾン**がその例。はじめは新品の

Service

アマゾン マーケットプレイス

アマゾン上で出品できるサービス。「新品」「再生品」「中古商品」「コレクター商品」を出品者から購入することができる。プラットフォーム化で在庫リスクを持たずに成功。

カスタム化や既製品化は市場での競争関係でいかに差別化するか、あるいは低コスト化するかを検討しましょう。

本だけを自らオンライン書店として売っていましたが、**マーケットプレイス**というプラットフォームを構築し、古書店に古本を売ってもらうことで、利便性が一層高まり、顧客がますます集まるようになりました。古書店の力を借りて、個人から個人へというCtoCの商売を始めたともいえます。これによってアマゾンは膨大な古本の在庫を自社で保管する必要もなく収益を上げることに成功しました。

また、自動車業界では、**トヨタ**や**日産**、**ホンダ**、**マツダ**などのメーカーが中古車を販売するのはもはや当たり前になっています。

⑩ 拡張化
Extention

商品そのもののカテゴリーよりもっと広いカテゴリーで自社のビジネスをとらえることで、顧客に提供する価値を広げていく考え方です。

たとえば、**スターバックス**は、喫茶店を、単にコーヒーを飲む場ではなく、「サードプレイス（第3の場所）」という概

Book

『スターバックス成功物語』ハワード・シュルツ他著
スターバックスのCEOが語る成功の秘密。わずか5店の企業が全米有数の企業に成長するまでの戦いを描く。

念でとらえています。具体的に言えば、「職場と家の中間にある、リラックスできる場」といったところでしょうか。このように定義すると、「ソファーをよくしよう」「禁煙にしよう」などと、新たなサービスのアイデアが出てきて、「居心地のよい空間」という価値を提供できるようになります。

ルノアールも似たような考え方を持っています。「いくら長居しても居眠りしても怒られない喫茶店」というのは今考えても画期的です。ちなみにアメリカでも**ブルーボトルコーヒー**という一杯ずつドリップして香り高いコーヒーを提供するチェーン店が人気になっていますが、実は昔からある日本の喫茶店とコンセプトは同じといえるでしょう。

ライアンエアーやエアアジアなど格安航空会社のＬＣＣも、拡張化のビジネスモデルの例といえます。アメリカの鉄道が、自らの事業を「総合輸送業」ではなく「鉄道」ととらえたことで、他の交通機関との競争で後れをとったことは有名ですが、ＬＣＣは「航空業」ではなく「輸送業」ととらえ長距離バスをライバルとみなしました。これによって、バスに負けない安さを実現できたわけです。

Company

STARBUCKS COFFEE

**スターバックス
コーヒー**

1971年開業、60カ国で1万8000店以上を展開している。職場と家の中間である「第3の場所」として人気。

顧客の視点に立って考えることが大切です。

拡張化とは、「顧客の視点に立って考える」ということです。顧客から見れば、目的地まで行ければ飛行機であろうが電車であろうが、何でもよいわけです。すると、他の輸送手段もターゲットとして考えるという発想が生まれます。

顧客の立場に立つと、さまざまなアイデアが出てきます。たとえば、「鉄道」を「輸送業」だけでなく「良質な空間を提供する仕事」と考えると、**JR九州**の「**ななつ星 in 九州**」のような考え方が生まれてきます。高級ホテルのような空間で旅を楽しむのは、鉄道という枠を超えた発想ですが大人気ですね。最近は高級個室型の長距離バスも登場しています。

Service

ななつ星 in 九州

JR九州が2013年から運行する豪華寝台列車（クルーズトレイン）。かつてないほど豪華な列車で、予約には抽選必至となっている。

© JR九州

⑪ フロントエンド＋バックエンド化

Front-end and Back-end

フロントエンドとは「集客するための製品やサービス」、バックエンドとは「利益を得るための製品やサービス」を指します。すなわち、フロントエンド＋バックエンド化とは、集客のための商品と利益を得るための商品をうまく組み合わせたビジネスモデルのことです。

この考え方が浸透しているのが、音楽業界です。今やCDはフロントエンドの商品であり、コンサートのチケットやコンサートの会場で売るTシャツなどがバックエンド商品となっています。レディー・ガガのように、**ユーチューブ**で無料で映像や楽曲をどんどん流すことで楽曲をフロントエンドとしているアーティストは海外では多数出現しています。顧客としては、新曲が無料で聞けるのでうれしいですし、運営側から見れば、コンサート会場に集客ができてグッズなどのモノが売れればよいわけです。人気アーティストになると、たった1日のコンサートでTシャツが1億円も売れるそうですから、音源を無料配布しても、簡単に元がとれてしまいます。無料配布が広告の役割を果たすので、広告費の削減効果も期待できます。

今や、電子書籍も同様になりつつあります。電子書籍は変動費がほぼ無料のために、内容の割に安く買えるフロントエンドの商品となり、代わりに、講演会や研修でもうけるという構図が生まれてきています。数十円で売っている電子書籍

Yahoo! ショッピングと楽天の比較

名前	楽天市場	Yahoo! ショッピング
出店数	約4万店舗	約2万店舗
商品数	約1億5000万点	約7000万点
月額 利用料	1万9500～10万円	無料
売上 手数料	2.0～6.5%	無料
決済 手数料	楽天カード：2.65%、その他クレジット：3.6% 楽天Edy：2.65%	基本料金：無料、クレジット：3.24% モバイル：4.7%、モバイルSuica：3.6%
商品登録 制限	5000点～無制限	無制限
ポイント	楽天スーパーポイント	Tポイント

が成り立つのは、それがフロントエンド商品だからでしょう。広告宣伝だと思えば広告ができてさらに印税が入るのならば、著者にとってもメリットは大きいといえるでしょう。

フロントエンド＋バックエンド化の強みは、フロント一本で勝負している企業を無力化できる可能性があることです。

たとえば、**Yahoo!ショッピング**の出店料の無料化も、楽天の無力化を狙ったもの。ヤフーは広告費でもうけているので出店料が無料でも広告収益が上がれば問題ありませんが、楽天は出店料が収益源のひとつ。すでにある程度店を囲い込んでいるので、大きなダメージは受けないかもしれませんが、店舗数でヤフーの方が圧倒的に多くなってきており、今後が注目されます。ただし出店数が多くなれば露出度が下がるので広告を出す必要が出てきます。店舗にとってはどちらがよいかは慎重な判断が必要になっています。

公認会計士の山田真哉氏のミリオンセラー『さおだけ屋はなぜ潰れないのか？』で、全然はやっていない高級フランス料理店がもうかっている話がありましたが、もうけのからくりは、シェフが教える料理教室にあり、高級フレンチのシェ

Book

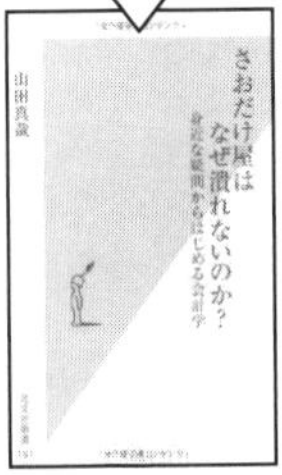
さおだけ屋はなぜ潰れないのか？
身近な疑問からはじめる会計学
山田真哉

『さおだけ屋はなぜ潰れないのか？──身近な疑問からはじめる会計学』山田真哉著
「身近な疑問」から会計の重要なエッセンスを学べるベストセラー。

フロントエンド＋バックエンド化は、フロント一本で勝負している企業を無力化する可能性があります。

フがわざわざ教えてくれるからこそ人が集まるということ。この場合、フロントエンドは「高級フレンチ」、バックエンドは「料理教室」といえます。

⓬ 多毛作化

Multiple Cropping

昼は喫茶店、夜は居酒屋というように、時間によって別の業態の店に変えることで、顧客に複数の価値を提供するビジネスモデルです。具体的には、カフェ＆バー **プロント**が昼はカフェ、夜はバーといった二毛作をしているのは、有名です。新橋の雑居ビルの狭い居酒屋は、昼間、ラーメン店になっていたりします。カラオケの**シダックス**の部屋は昼間は勉強会の開催場所や、社会人のためのカルチャースクールの教室として利用されています。

⓭ デファクトスタンダード化

De facto Standard

デファクトスタンダード（「経営戦略」58）とは、市場競

Company

PRONTO

カフェ＆バー プロント

運営するプロントコーポレーションは1988年創業。昼はカフェ、夜はバーとなるプロントの他、プロントのインフラを活用し、完全カフェ形態やワインの酒場などのブランドもチェーン展開している。

多毛作化はコストをそれほどかけずに収益の多角化をする方法です。

争の結果、世界的に「事実上の標準」とみなされるようになった規格や製品のことです。**マイクロソフト**の**ウィンドウズ**や**インテル**のCPU（中央処理装置）はその代表的な事でしょう。

実は、パソコンに周辺機器をつなぐ**USBメモリ**も、インテルが先頭に立ってつくり、標準化に導いたものです。パソコンの部品メーカーであるインテルが主導したことに違和感を覚えるかもしれませんが、インテルには自社の高性能なCPUの必要性を高める狙いがありました。USBを使って、パソコンにDVDなどさまざまな機器をつなげば、性能の低いCPUのパソコン使用者は動作が遅いと不満を持つようになり、より高い性能のCPUを搭載したパソコンに買い替えると考えたのです。まさにプラットフォーム戦略®の成功事例といえます。

デファクトスタンダードは、大企業でも簡単につかめるものではありませんが、その座をつかむことを意識するのは大切でしょう。

Product

USBメモリ

USBを使ってコンピューターに接続してデータの読み書きを行う装置。インテルが中心となり、標準化に成功。

© Getty Images

⑭ 規格化

Standardization

規格化とは、材料の規格を統一することで製品を大量生産して低コスト・低価格化を実現することです。顧客は、自由な設計はできませんが、低価格の割に質のよい製品を手に入れることができます。

飯田産業や**アーネストワン建設**などの「パワービルダー」と呼ばれる住宅会社がつくる低価格住宅は、規格化により低コスト・低価格化を実現しました。規格化された住宅は、工期が短いことも、人気の理由のひとつといえます。

自社の製品やサービスの一部を規格化することで、他社にない顧客価値が生み出せるかもしれません。

⑮ 競合模倣、同質化

Imitation

業界トップの企業が、2位以下の他社で人気の出た商品のよいところを吸収して、営業力で勝ってしまうというビジネ

競合模倣、同質化はベンチャーにとって最も注意すべき点です。スピードを上げてさらに先に行くことが求められます。

スモデルです。かつて、**松下電器産業**（現・**パナソニック**）が「マネシタ電器」などと揶揄《やゆ》されていましたが、これはこの同質化で成功したからです。他にも後発の商品で成功した例は枚挙に暇がありません。

こうした〝二番煎じ〟が増えることは、ライバル製品同士の競争を生むので顧客の視点に立てば好ましいことですが、革新的な企業イメージは悪化するリスクもあるので単なるまねではなくそこに独自の価値を付けることが大切です。

⑯ 受託
Entrusted

これはアウトソースの逆です。自社の機能の中で優れている部分を他社に提供することを意味します。

たとえば、**アマゾン**は、自社でサーバーを運用することで培ったノウハウを生かして、安定性の高いクラウド上の仮想サーバーを他社に貸しています（アマゾンＥＣ２）。また、**大阪ガス**は、自治体からコールセンター業務を請け負っていますし、**ルフトハンザドイツ航空**は航空機のメンテナンスを

Company

**ルフトハンザ
ドイツ航空**

ドイツに本拠地を置く航空会社。他の航空会社のメンテナンスも行う。

他の航空会社に提供しています。

自社のバリューチェーンを精査することによって強みを見つめ直すと、顧客価値を提供できる意外なビジネスモデルのヒントが得られるかもしれません。

⓱ ソーシャル活用化

Utilizing Social Media

近年は、SNS（ソーシャル・ネットワーキング・サービス）やブログ、掲示板など、双方向のコミュニケーションができるソーシャルメディアを活用した、新たなビジネスモデルが数多く生まれています。

たとえば、クーポンサイトの**グルーポン**。制限時間内にその店のクーポンを買いたい人が一定数集まれば、クーポンが安く買えるという仕組みで、話題になりました。「**フラッシュマーケティング**」とも呼ばれています。この仕組みでは、顧客は人にそのクーポンを宣伝すればするほど自分にもメリットが生じるために積極的にソーシャルメディア上で宣伝をしてくれます。これによって顧客は安くクーポンを手に入れ

Book

『ハーバード流ソーシャルメディア・プラットフォーム戦略』ミコワイ・ヤン・ピスコロスキ著
ハーバード・ビジネス・スクールで唯一のソーシャルメディアの専門家であった著者が、膨大なデータ分析とトップマネジメントへのインタビューを基に、60社以上の実例から導き出されたフレームワークを提供。いかにソーシャルメディアを利用すれば収益向上やコスト削減ができるかについて解説する。

られるのはもちろん、店側も高い広告費を払うことなく店の宣伝ができるため双方に価値を生み出せました。

ソーシャルメディアを活用したビジネスは、個人でも始めることが可能です。たとえば、アメリカの**ゲイリー・ヴェイナチャック**は、ソーシャルメディアを活用して、一人で年間50億円以上のワインを売りました。そのメディアとは、2006年に始めた「Wine Library TV」というワインを紹介する動画コンテンツ。ここで、ワインについてわかりやすく説明していたところ、多くのユーザーから信頼され、ツイッターやフェイスブックなどで話題になりました。今やツイッターは、フォロワーが110万人以上に。そして、この動画の中で、おいしいワインを紹介すると、猛烈な勢いで売れるようになったのです。

すでに、ソーシャルメディアを使って自社の製品の宣伝などをしている会社は多いと思いますが、大切なことは顧客視点で見てメリットがあることを企業側が先に顧客に提供すること。顧客が自ら営業の役割を担ってくれるようにすることです。

ソーシャルメディア活用化で大切なことは、まずは先に企業がユーザーにメリットを与えることです。そうしないとマイナス効果にもなるので注意が必要です。

Book

ゲイリーの稼ぎ方
評論家の書いた本は使えない!

『Twitter、Ustream.TV、Facebookなど、ソーシャルメディアで世界一成功した男——ゲイリーの稼ぎ方』ゲイリー・ヴェイナチャック著
ワインを売上、4億円を50億円にした著者によるソーシャル時代の稼ぎ方入門書。

⑱ブランドマルチ化

Multi Branding

ひとつのブランドを多方面に生かしていく方法です。

ディズニーは、そのお手本のような存在。ミッキーマウスをはじめとした人気キャラクターや映画で築き上げたディズニーブランドを生かして、テーマパークのディズニーランドや、キャラクターグッズの販売やライセンス事業、ホテルに結婚式と、さまざまな分野に進出していきました。ディズニーファンにとっては、テーマパークで遊んだりホテルに泊まったり、新たな価値がどんどん広がっていったわけですが、ディズニーは戦略的に顧客の行動をつぶさに観察し、それまで他のホテルや商業店舗が担っていた役割を自社の事業領域に取り込んでいったのです。

他にも高級ブランドの**ブルガリ**や**アルマーニ**がホテル事業に参入しているような例もあります。ゆるキャラの**ふなっしー**もグッズ売上は数億円に上るといわれています。

何らかのブランドを持っている企業であれば、顧客の行動

ディズニーのブランドマルチ化

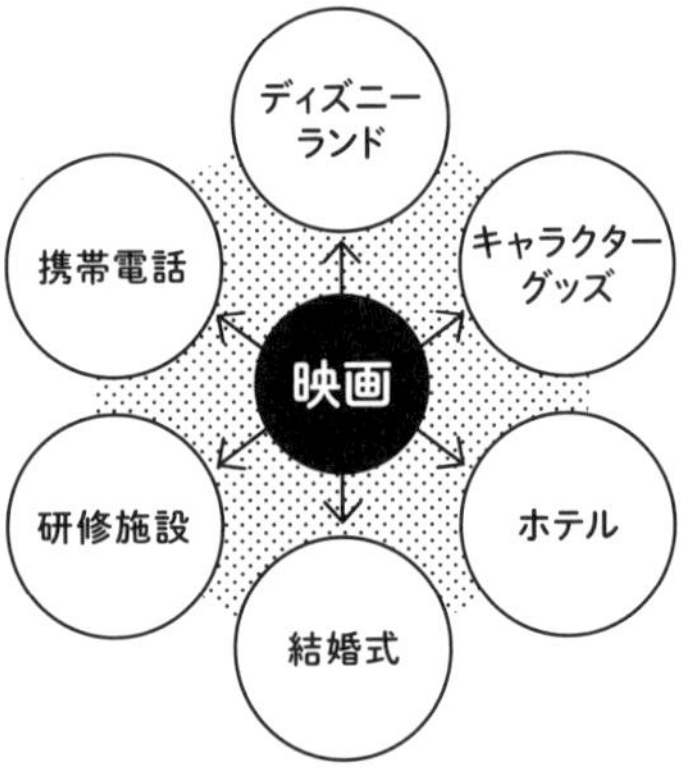

観察を行うことで自社の事業領域の拡大ができるでしょう。

⑲ 最先端スピード化
Speed

二番手以下がついてこられないようなスピードで、製品のバージョンアップやコストダウンを行うことです。圧倒的な顧客価値をつくり出し、競争に勝つというやり方でそれができるのは、最先端技術を持ったトップ企業に限られます。

たとえば、**インテル**は、CPUを大量生産するだけでなく、性能を常にバージョンアップしているので、経験曲線（「経営戦略」67）をものすごい勢いで駆け下りています。このため、二番手企業が数カ月して同様の技術的な水準に追いついてくると、インテルは価格を大幅に下げます。すると二番手以下の企業はいつになってももうからないというわけです。

⑳ 二次市場化
By-Product

製品の生産やサービスの提供などの過程で生まれる廃棄物

経験曲線：コストと累積生産量の関係

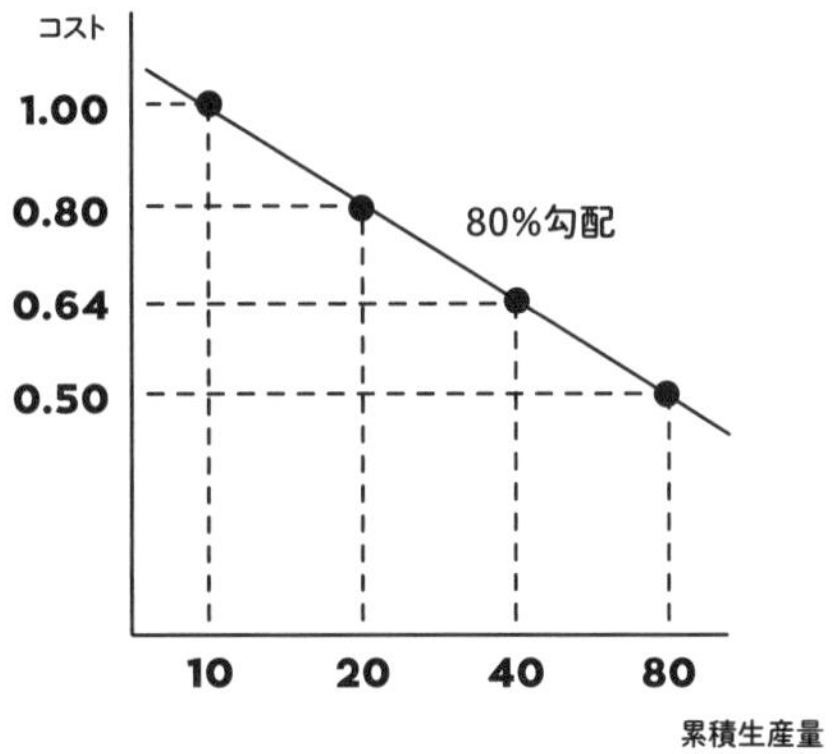

や副産物を捨てるのではなく、それをほしがっている人々と結びつけよう、という発想です。たとえば生ごみを植物の肥料にすることなどがあります。また、**キユーピー**はマヨネーズを製造する過程で出る卵の殻を健康食品に転用しています。

㉑ ローカル化

Localization

製品やサービス、プロセス、顧客経験を、その地域の文化や慣習などに合わせて変えることです。たとえば日本車は右ハンドルですがドイツ車はいち早く右ハンドル車を日本市場に投入して日本における輸入車の上位を独占しています。またキャラクターなども国によって好みが異なるといわれています。アメリカでは日本で人気の三等身ではなく七等身のキャラクターが好まれるといった具合です。

以上のような、顧客価値をシフトする21の視点で、既存のビジネスを変えられないかどうか、考えてみてください。

Q あなたは、地元客を主なターゲットとした街の小さなパン屋さんだったとします。その場合、「顧客価値のシフト」をいかにして行いますか。考えてみてください。

〈ステップ3のまとめ〉

❶顧客に提供する価値を「モノからサービス、あるいはモノ＋サービス」にシフトする。サービスからサービス＋モノ、あるいはモノにシフトする　❷競合の逆張りにシフト　❸同一の顧客に提供する価値を複数化する　❹時間短縮化・省手間化　❺階層化　❻専門化・特定市場ナンバーワン化・限定化　❼漁夫の利化　❽カスタム化、半製品化　❾中古市場化　❿拡張化　⓫フロントエンド＋バックエンド化　⓬多毛作化　⓭デファクトスタンダード化　⓮規格化　⓯競合模倣、同質化　⓰受託　⓱ソーシャル活用化　⓲ブランドマルチ化　⓳最先端スピード化　⓴二次市場化　㉑ローカル化

ポイント

顧客に提案する製品・サービスなどの価値を21通り検討してみましょう。

A

たとえば次のようなことが考えられます。

・パンだけでなく、他社のケーキやホームベーカリーを売る
・高級パンを売る（階層化）
・「どのパンがおいしいか」「この食事にはどういったパンが合うのか」などのアドバイスをする（サービス）

Question 05
階層化とは、自社の製品・サービスに、ファーストクラスなどの上級コースや格安商品など他の＿＿＿＿＿＿＿＿＿＿＿をつくること。

Question 06
専門化・特定市場ナンバーワン化・限定化とは、製品カテゴリーを絞って＿＿＿＿＿することで、その分野でナンバーワンになるというビジネスモデル。

Question 07
あるブームが起きている際にそのブームで競争するのではなく、ブームに参加する人や会社を顧客化する方法が＿＿＿＿＿＿＿＿。

Question 08
カスタム化とは、製品を顧客の要望どおりにつくり上げるいわゆる＿＿＿＿＿＿＿＿＿＿＿＿＿＿化。

Question 09
中古市場とは、既存のビジネスで新品を売っているなら、＿＿＿も売ってみようという考え方。

Question 10
拡張化とは、広い＿＿＿＿＿＿＿＿で自社のビジネスをとらえることで、顧客に提供する価値を広げていく考え方。

Question 11
「集客するための製品やサービス」が＿＿＿＿＿＿＿＿＿＿＿、「利益を得るための製品やサービス」が＿＿＿＿＿＿＿＿＿＿。

Question 12
時間によって別の業態の店に変え、複数の価値を提供するのが＿＿＿＿＿＿。

Examination

Part 3-3

「ビジネスモデル構築7ステップ」テスト③

顧客にどのような価値を提供するかを考える

第3章ではビジネスモデルを構築するための7つのステップを解説しています。ステップ3は「顧客価値のシフト」。ステップ2の「顧客のシフト」と密接に関係しています。それでは、「おさらい」してみましょう。

＊設問の答えは178ページに掲載しています

Question 01

顧客へはモノを提供するのではなく、________の提供に変えたりする方法にシフトしたりする。

Question 02

________が何をしているかを調べ、その逆を考えてみると、新たなビジネスモデルのヒントが得られる。

Question 03

同一の顧客に提供する価値を複数化するとは、自社のものだけでなく、____のものも一緒に提供することなど。自社の場を開放する__________、2つ以上の商品を掛け合わせる____________などがある。

Question 04

__________・________とは、時間や手間がかからなくすることで、顧客価値を生み出す方法。

STEP 4 価格・顧客の経済性をシフトする

Shift Your Total Cost for Clients

いくらもうけるべきなのか？

ステップ4は、「価格・顧客の経済性をシフトする」です。ここまでは誰に何を提供するかを検討してきました。次はいくらで売るかがテーマになります。

価格や顧客の経済性をシフトするには、以下の17の視点があります。大切なことはステップ3までで考えたビジネスモデルの案についてプラスして考えることです。そうしないと具体的なビジネスモデルのアイデアにいつになってもたどり着けません。

❶顧客のトータルコストを削減する

Reduction of Total Cost

トータルコストとは、顧客が支払う製品やサービスの値段だけでなく、関連して生じるさまざまな費用を含めた全体の

ビジネスモデルの3つの箱

製造過程
（バリューチェーン）
Value Chain
顧客価値
Value
Proposition
顧客
Client or
Customer

コストを指します。

たとえば、あなたが高層ビルの経営者だとしましょう。蛍光灯のトータルコストを下げるには、どんな蛍光灯を買えばよいでしょうか。安くて長持ちすることはもちろんですが、もうひとつ重要な要素があります。

それは、「どの製品も、寿命が一定であること」です。寿命が一定でないと取り替え時期がバラバラになり、そのつど、付け替える人が必要になります。その分人件費がかさみ、トータルコストに影響するわけです。

このように、他社との差別化を図るには、顧客視点で時間軸も勘案して顧客が支払うトータルコストをはじき出した上で、それを削減する方法を考えることが重要です。

たとえば、日本でも主に自動車用パーキングを展開する**タイムズモビリティネットワーク**や**オリックス**、**三井物産**のグループ会社などが手がけて急成長しているカーシェアリングは、駐車場代やガソリン代、保険代などの諸経費をカットすることで、15分200円程度の料金で車を利用できます。

トータルコスト

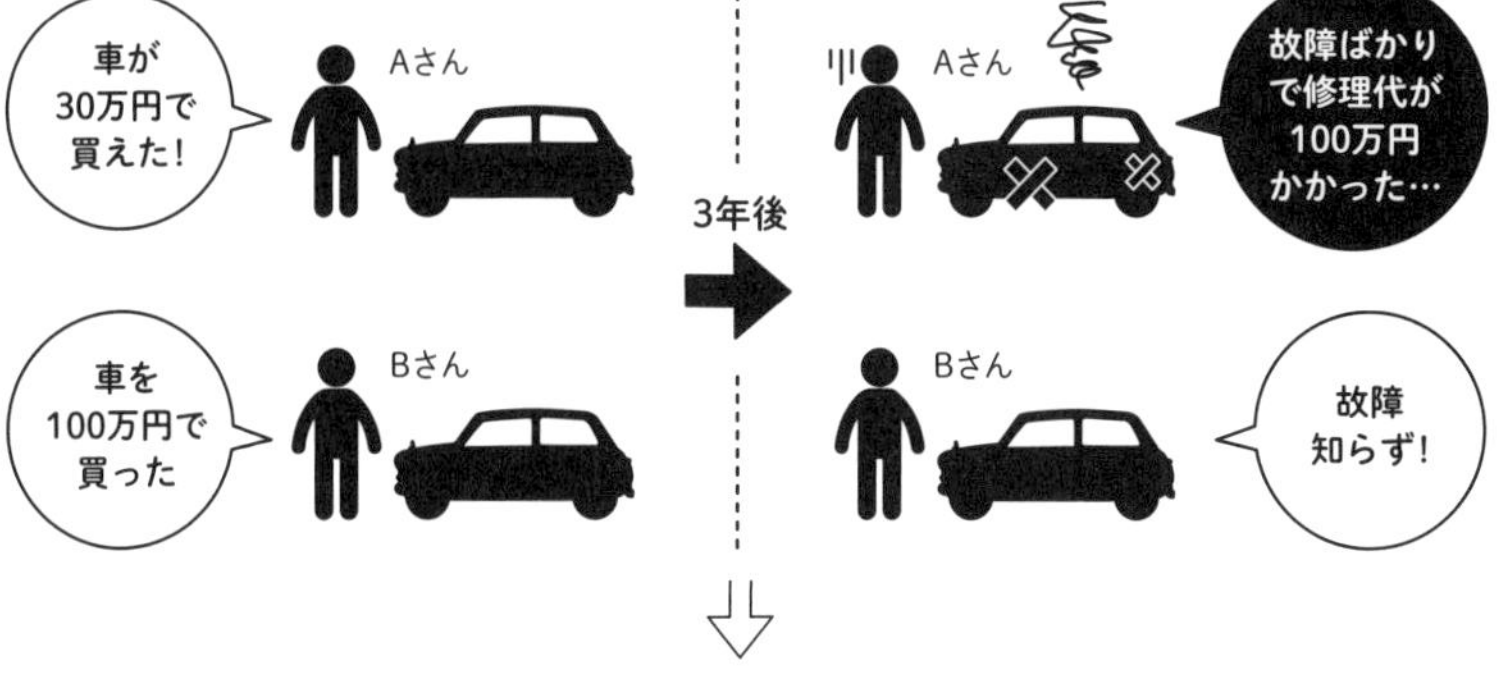
車が30万円で買えた！
Aさん
3年後
Aさん
故障ばかりで修理代が100万円かかった…
車を100万円で買った
Bさん
Bさん
故障知らず！

トータルコストではBさんが30万円得をしている

❷ 実績連動化・成功報酬型

Performance- Based

実績連動化、または成功報酬型は、利用実績に応じて料金を決めることで、価格を安くする方法です。

たとえば、**GE**（ゼネラル・エレクトリック）は航空機のエンジンを航空会社にリースしていますが、航空機が稼働した距離に基づいて料金を決めています。それほど動かしていない場合は、料金も少なくなります。航空会社から見ると、納得感のある料金体系です。

また、**ソニー損保**は、業界ではじめて、走行距離に基づいた保険料を導入しました。あまり乗らない人にとっては非常に得だというので、大ヒットしました。

一方、成功報酬の仕組みを求人サイトに取り入れて成功したのは、**リブセンス**です。従来の求人サイトは求人広告を載せる時点で企業がお金を払う必要がありましたが、リブセンスが運営する「**ジョブセンス**」は、掲載料はかからず、実際に人が採用されたときにはじめて料金が発生するというシス

Book

リブセンス
生きる意味
上阪徹

『リブセンス〈生きる意味〉』上阪徹著
リブセンスの代表村上太一は大学1年での創業から5年でマザーズ上場、最年少上場を果たした。トップの素顔に迫る。

比較的古い体質の業界では、成功報酬型による参入のチャンスがあるでしょう。

テムを取り入れました。さらに、利用者を集めるために、採用された方にお祝い金を渡す仕組みも導入しました。その結果、ジョブセンスは後発のサイトでしたが、「費用対効果がよい」と多くの企業が広告を出稿。急成長を遂げ、創業からわずか5年でマザーズ、6年で東証一部に上場しました。

「**レベニューシェア**」も、成功報酬型。たとえばシステム開発を安く受託する代わりにその事業から得られる利益の一部を得る方式などです。また、ネット広告の「**アフィリエイト広告**」やアマゾンの「**アソシエイト**」、ベンチャー企業の「**ストック・オプション**」なども成功報酬型です。

❸価格の個別化・カスタマイズ化
Customization

個々の顧客の特性に合わせて、価格を変える方法です。

ここではそのユニークな事例として、ヨーロッパを中心に普及している「**ペイ・アズ・ユー・ドライブ保険**」をご紹介しましょう。通常、自動車保険の保険料金は、車種やその人の事故歴、免許証の色などで決まりますが、この保険では、

リブセンスのビジネスモデル

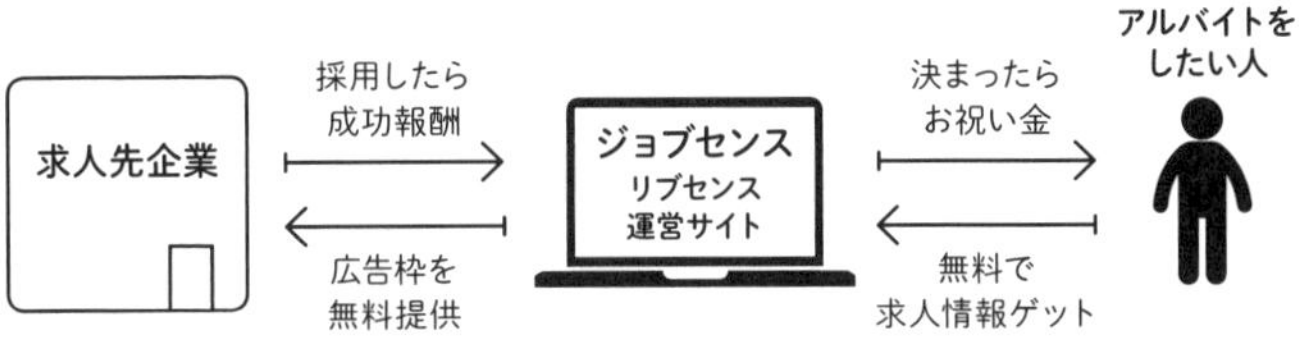
求人先企業
採用したら
成功報酬
広告枠を
無料提供
ジョブセンス
リブセンス
運営サイト
決まったら
お祝い金
無料で
求人情報ゲット
アルバイトを
したい人

車にオートレコーダーのような記憶装置を搭載し、急発進やスピードの出し方などのデータを一定期間取った上で、保険料を決めます。すなわちビッグデータを基にした確率論ではなく、その人自身を見て算出するわけです。

マナーのよいドライバーだと、保険料は下がります。安全運転をしている人にはうれしい仕組みです。悪いドライバーの場合は、保険料が上がるどころか、保険に入れないこともあることから、この保険が普及すれば、ドライバー全体のマナーがよくなることが期待されています。

このような価格の個別化は、すでにいろいろなところで見られます。たとえば、**法人取引**の場合は、大口だと非常に安くなることがあります。

また、町のお店でも、**なじみの客**にはおまけを付けることもありますが、これも個別化といえるでしょう。各種の**ポイントカード**が普及していますが、これも個別化をシステムで実現しようとしている例といえるでしょう。

ペイ・アズ・ユー・ドライブとは

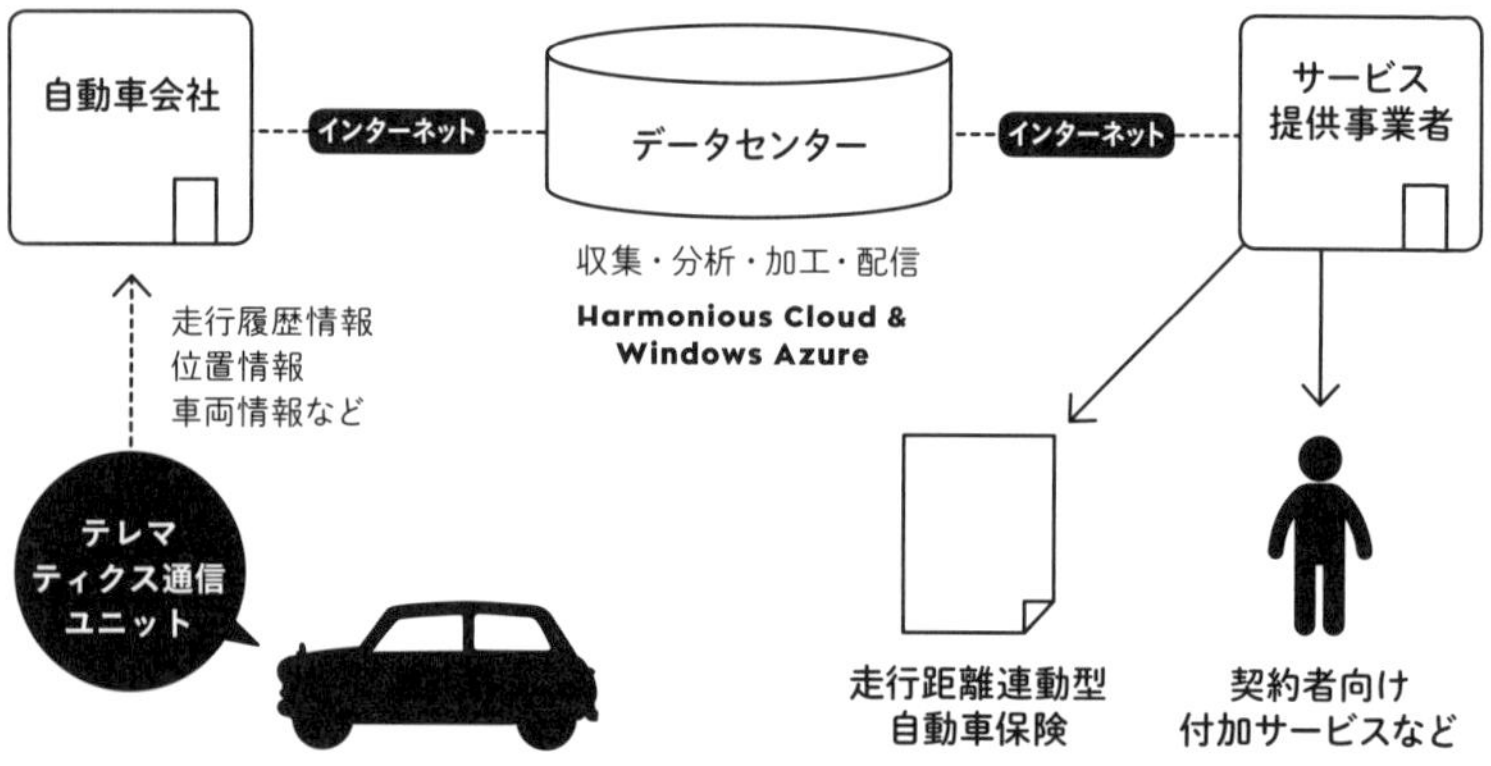
自動車会社
インターネット
データセンター
インターネット
サービス提供事業者
収集・分析・加工・配信
Harmonious Cloud & Windows Azure
走行履歴情報
位置情報
車両情報など
テレマティクス通信ユニット
走行距離連動型自動車保険
契約者向け付加サービスなど

❹ 無料化、低価格化

Free

商品やサービスを無料にしたり、極めて低価格にしたりして、顧客を獲得すること。もちろん、そのままではもうからないので、さまざまな方法で利益を生み出します。

たとえば、ステップ3で取り上げた「フロントエンド+バックエンド化」はよく使われる方法です。フロントエンドの商品を無料にして、バックエンドを有料にします。

「フリーミアム」も、フロントエンド+バックエンドといえます。たとえば大人気の**ガンホー・オンライン・エンタテインメント**による「**パズル&ドラゴンズ**」などの、スマホのゲームやアプリ、クラウドサーバー、ウイルス対策ソフトなどを無料で提供し(=フロントエンド)、より高機能なバージョンを有料で用意して(=バックエンド)、無料での利用者の一部が有料に加入することで稼ぐわけです。

また、ウェブサイトのように、情報は無料で見られるようにして、広告で稼ぐ「**広告モデル**」も一般的です。

Service

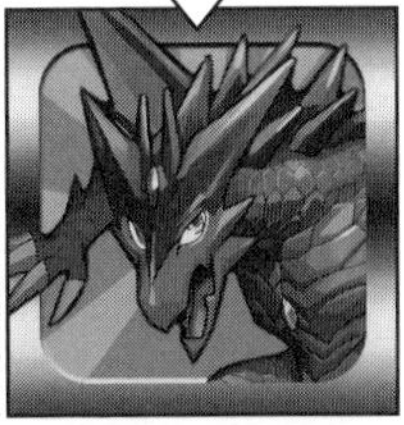

パズル&ドラゴンズ

ガンホー・オンライン・エンターテインメントによるスマートフォン向けゲーム。家庭用ゲーム並みのクオリティのゲームをフリーミアムとして提供して大ヒットし、2012年のリリース後累計3300万ダウンロードを記録している。

かつて**マイクロソフト**が、インターネットエクスプローラーを低価格でパソコンメーカーに提供することで、当時の最大手であったネットスケープを駆逐しましたが、この例に限らず、無料化や低価格化は、競合を駆逐する手段として使われます。

無料化するときに気をつけなければいけないのは、他の会社が無料化した後にあわてて追随しても、顧客を増やす効果が小さいこと。無料化は、競合に先駆けて行わなければなりません。

また、顧客が少ないと、有料のバックエンド商品を買ってくれる人も少ないので、損をするリスクが大きくなります。バックエンド商品を購入する率は全体の4〜6%、最大で10%程度といわれています。

コンバージョン（有料への転換率）を上げるには無料の製品やサービスがしっかりと認知されるように告知をしなければなりません。

Book

『フリー ──〈無料〉からお金を生みだす新戦略』
クリス・アンダーソン著
なぜ、一番人気のあるコンテンツを有料にしてはいけないのか？　2004年に「ロングテール」という言葉を『ワイアード』誌で世に知らしめた著者による戦略論。

フリーミアム（Free＋Premium）モデル

従来	無料試供品10%	<	有料90%
フリーミアム	無料会員90%	>	有料会員10%

❺ 変動価格化、オークション化、リバース・オークション化

Auction

需要などに応じて価格を変動させる方法です。

通常ホテルや航空券は繁忙期と閑散期で価格が変動します。最近では宿泊日直前に売れ残ったホテルの客室を格安で販売しているサイトも増えました。「**yoyaQ．com（ヨヤキュー・ドットコム）**」や「**TOCOO!（トクー）**」はその例です。顧客は安く使えますし、ホテルは空室を出さずに済むというメリットを実現できたのはやはりインターネットのおかげでしょう。従来の紙での告知では直前に値下げをすることは事実上難しかったからです。

今後は、レストランでも当日顧客が少ないときはコースを安くするなど、さまざまな変動価格化の事例が出てくることが予想されます。常識にとらわれないで検討することが大切です。

もっとも、変動価格化するとデメリットが大きい商品もあります。たとえば、**コンビニの弁当**は、消費期限直前でも安

変動価格化の例

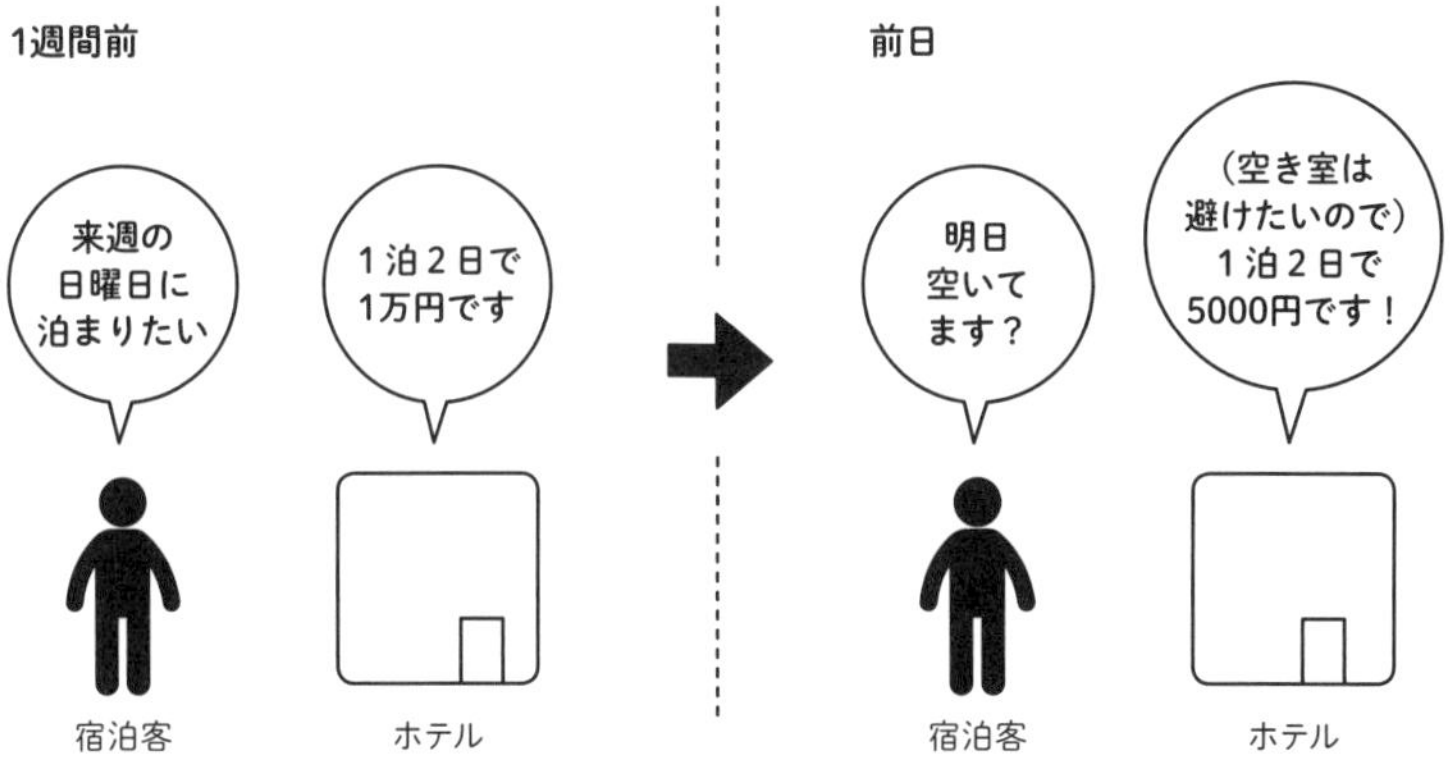
1週間前
来週の日曜日に泊まりたい
1泊2日で1万円です
宿泊客
ホテル
前日
明日空いてます？
（空き室は避けたいので）1泊2日で5000円です！
宿泊客
ホテル

売りしませんが、その理由は、みながその時間まで待ってしまうリスクがあるからです。もったいない気がしますが捨てた方が、利益率は高くなるのです。

　価格が変動するという意味では、**ヤフオク！**のような「**オークション**」の仕組みを、店に取り入れるのも面白いでしょう。また、普通のオークションとは逆に、買い手がたくさんの売り手の中から1社を選び買い手が値段を決める「**リバース・オークション**」もユニークなシステムです。

❻ライセンス化、フランチャイズ化

Licensing

　キャラクターグッズやブランドなどの自社の権利を他社が製造販売に利用できるように、ライセンス化する方法です。あるいは、飲食店のフランチャイズのように、自社ののれん貸しをする（フランチャイズ権を売る）方法もあります。

　ライセンスを与えるライセンサーやフランチャイズ権を売るフランチャイザーにとっては、自社の資金を使わずに、商品を増やしたり、店を広げたりすることができ、ライセンス

Company

HELLO KITTY

サンリオ

1960年、現社長の辻信太郎氏が創業。1974年に誕生したハローキティをはじめ、現在は数多くのキャラクターを中心としたビジネスを展開している。

変動価格化はインターネットの普及によるところが大きいです。今後さらに増えていくことでしょう。

収入（またはロイヤルティ）が得られます。たとえば、**サンリオ**は、海外に**ハローキティ**などのライセンスを積極的に出し、今ではそこから得られる利益が会社の利益の大半を占めています。

一方、ライセンスを受けるライセンシーやフランチャイズに加盟するフランチャイジーは、すでに実績のある他社のブランドを利用できることで、一から独自に始めるよりも、収益を上げやすくなります。また、他社の成功ノウハウを学べるので、将来、自力で商売をするときに大いに役立ちます。居酒屋の**和民**が急成長したのは、創業者の渡邉美樹氏がつぼ八のフライチャイジーをして、居酒屋の経営ノウハウを学んだからだといわれています。

こう見ると、いいことずくめに思えますが、ライセンスやフランチャイズ権を提供すると、ブランドの毀損《きそん》も起こりやすくなるので、しっかりと質のコントロールを行うことが大切です。また契約内容に競業避止の条項がある場合もあるので注意が必要でしょう。

Book

青年社長
高杉良

『青年社長』高杉良著
「居食屋 和民」チェーンを統括するワタミフードサービスの創業者で、代表取締役社長であった渡邉美樹氏のサクセスストーリー。

サンリオのライセンス化はわたしがハーバードで教えた鳩山玲人常務の功績です。

❼ 会員制月額課金モデル化

Monthly Subscription

月々、料金を支払ってもらう仕組みです。**ルネサンス**などのスポーツジムやスマホのアプリ、塾、**六本木ライブラリー**」のような有料図書館など、さまざまな分野で利用されています。

ＮＴＴドコモが１９９９年にスタートした「**i-モード**」も、月額課金モデルで一世を風靡《ふうび》しました。コンテンツの多くは利用料が毎月３００円（税別）と小額でしたが、年間にすると３６００円（税別）。いきなり３６００円をデジタルコンテンツに支払う人はなかなかいないですが、月額にすると抵抗が少なくなります。また、ユーザーは月額課金を支払っていることを忘れがちです。実際には使っていないのに解約しないで払い続ける人も多いのです。

利用者にとっても、月額課金は一括での課金よりも払いやすいために納得感があります。自社の製品やサービスでも、月額課金ができないか、考えてみましょう。

月額課金モデル

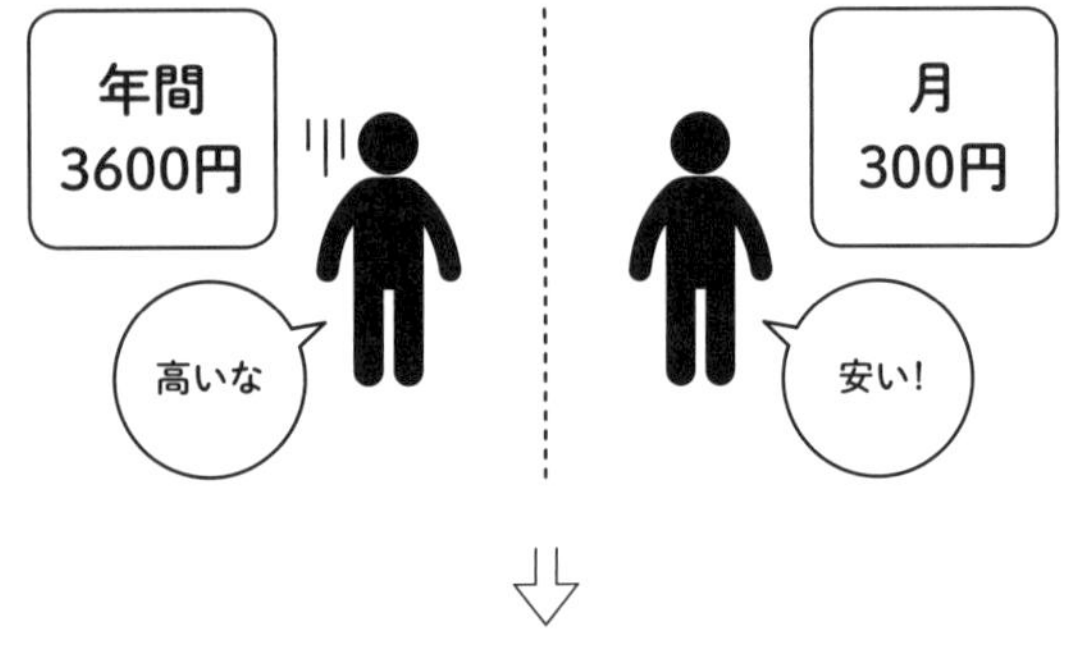

支払う額は同じだが、月額にすることで負担を軽く感じる

❽金融化（リース・レンタル化）

Lease

コピー機やパソコン、車などを販売するのではなく、リースを行うことで使用料を得る方法です。コピー機や車のリースを利用している法人は多く存在します。購入するのに比べて初期投資がかからず、ランニングコストだけで済むことや、常に新しい機種を使えることが、大きなメリットです。

一方、レンタルは、短期的に利用できるシステムです。出費を抑えるために、家具やネットが使える状態になったレンタルオフィスを利用する起業家なども増えています。

資金的な余裕がない相手には、リースやレンタルは、需要がある方法といえるでしょう。

❾カミソリの刃モデル

Gillette Model

ジレットモデルともいわれる、カミソリの柄と刃を別々に販売するビジネスモデルです。すなわち柄を安く売って、広

「プリンターのインク」「カミソリの刃」モデル

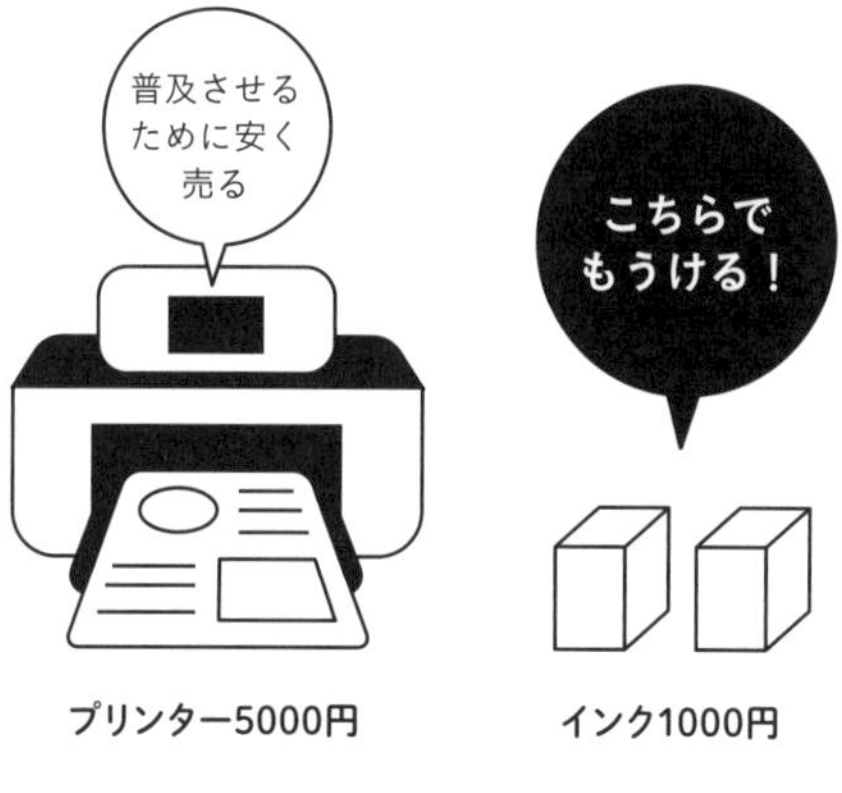
普及させるために安く売る
こちらでもうける！
プリンター5000円
インク1000円

く普及させて、交換用の刃でもうける方法です。もともとジレット社のカミソリは柄を販売することで収益を上げていましたが、同社の特許が切れたことで低価格化したことに対応して生まれたビジネスモデルです。

もっとも、最近は逆に柄を高級化するなど新しい動きも模索されています。

これと類似のビジネスモデルには、プリンター（刃に相当するのはインク）、コピー機（トナー・アフターサービス）、ウォーターサーバー（水）、**ネスプレッソ**（コーヒーカートリッジ）、エレベーター（アフターメンテナンス）などがあり、多くの業界で導入されています。自社の製品やサービスに導入できないかを検討してみましょう。

使った分だけお金を支払う仕組みなので、顧客も納得感がありますが、その会社の「刃」しか使えない仕組みなので、「刃」の値段が高く、不満が出ることもあります。

注意が必要なのは、「刃」の部分を別の会社の製品で代用されてしまうリスクがあることです（アフターケアの自由化）。プリンターのインクやコピー機のトナーは純正品でな

Product

ネスプレッソ

ネスレネスプレッソ社によるコーヒーメーカーの規格。カプセルシステムを採用した画期的モデル。

いものもたくさん出ています。そうならないためには、「刃」の部分を容易にまねできなくすることも一案ですが、純正品の値段を高くし過ぎないことも重要でしょう。

顧客との信頼を大切にして長く使ってもらうことで企業ブランドも確立していきます。安易に短期的な利益を求めることはやめるべきでしょう。

⑩ 受注前受け化

Build to Order (BTO)

先に代金の支払いを受けてから製造する方法、つまり受注生産です。**デル**のパソコンは、まさにこの方式で一世を風靡しました。

通常、入金が先にあるのでキャッシュフロー上も企業にメリットがありますし、在庫リスクも減ります。いかに料金を安くし納期を短縮できるかが差別化の鍵を握るといえるでしょう。

デルのビジネスモデル

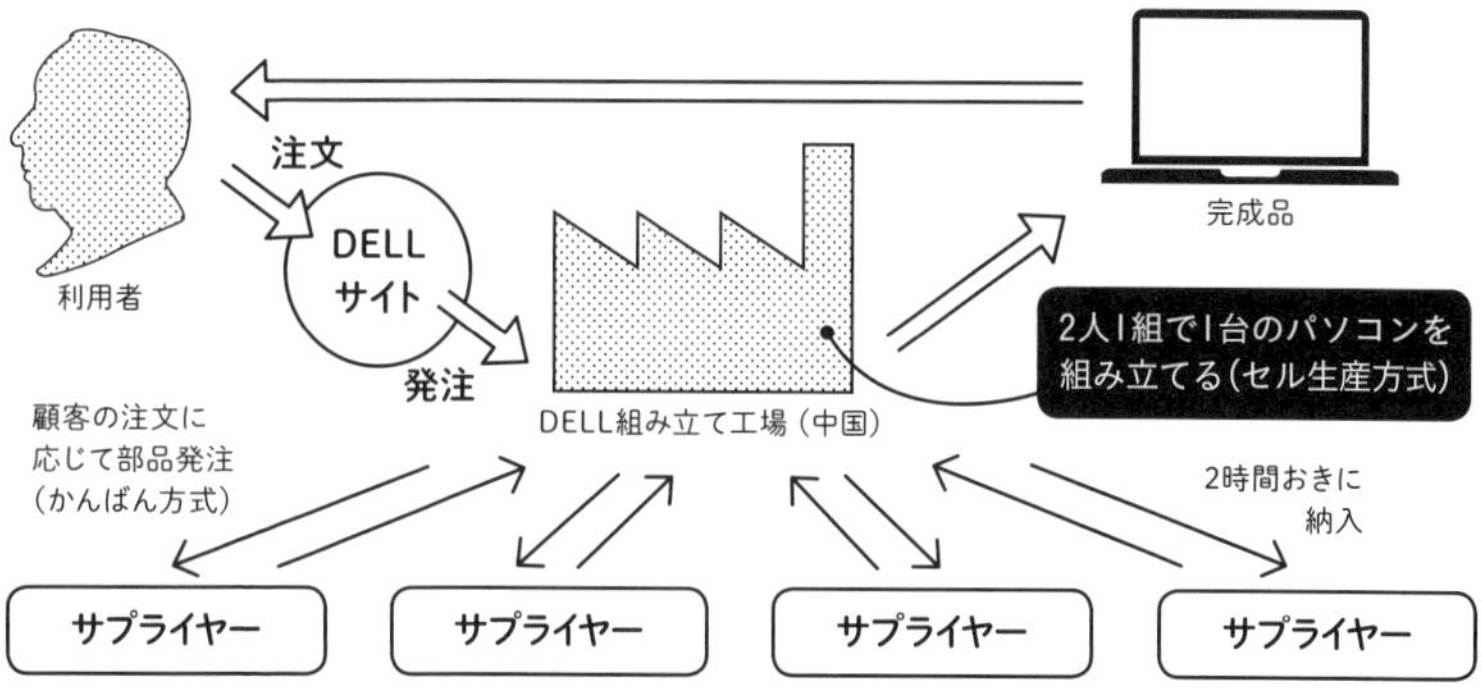

注文
DELL
サイト
発注
利用者
完成品
2人1組で1台のパソコンを組み立てる(セル生産方式)
DELL組み立て工場（中国）
顧客の注文に
応じて部品発注
(かんばん方式)
2時間おきに
納入
サプライヤー
サプライヤー
サプライヤー
サプライヤー

上記の方式を、同社は「ダイレクト・モデル」と呼んでいる

⓫ 仲介型

Intermediation

売りたい人と買いたい人の間をとりもって、仲介手数料で稼ぐビジネスモデルです。すなわち、売買のプラットフォームをつくり、胴元が手数料で稼ぐ方法ですから、プラットフォーム戦略®といえます。

典型的な事例は、**不動産仲介**業者です。不動産をいったん買って売るのではなく、売り主と買い主の仲介をして、手数料を稼ぎます。もうけは大きくありませんが、在庫リスクを背負わなくて済みます。買い主は仲介業者に行けばさまざまな物件と出合えますし、売り主は手間をかけずに買い主を探せます。実際には売り手と買い手の両方から手数料を得ている場合もあり、近年買い手からの手数料無料化も起きています。また専任仲介となることで一定期間独占的な販売を狙う場合が多いのですが、インターネットの不動産オークションなども登場しつつありビジネスモデルは変化しつつあります。

最近はポイントサービスの仲介を行う**ネットマイル**などの

不動産仲介のビジネスモデル

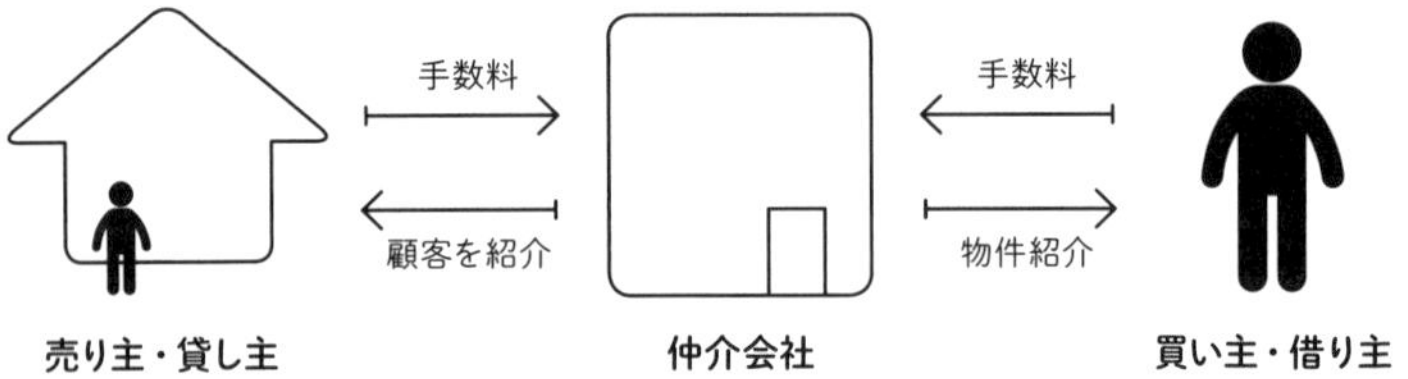
手数料
顧客を紹介
手数料
物件紹介
売り主・貸し主
仲介会社
買い主・借り主

プラットフォームも人気です。自社のビジネスを仲介型に変えられるどうか、考えてみましょう。

⑫ 高価格化
High Price

顧客の経済性というと「安くする」ことを考えますが、あえて「高くする」ことで価値を高める戦略もあります。たとえば、ブランド品は高く売ることで、持っている人にステータスを与えています。ブランドを育てるのは大変ですが、著名人を広告に起用したり、限定生産にしたり、高価な材料を使ったり、直営店のみでの販売にしたりすることで価格の下落を回避することが可能です。

ステータスを与える意味では、「招待した人だけに売る」のも有効な手です。**アメックス（アメリカン・エキスプレス）**のプラチナ・カードなどの高取得者用のカードは、その例でしょう。年間13万円以上の会費が必要で、あくまでもアメックスが招待した人しか入れないのですが、「あなただけ感」はバツグンです。

Company

AMERICAN EXPRESS
PLATINUM

アメリカン・エキスプレス

1850年創業、全世界で1億720万枚のカード発行枚数を誇るクレジットカード会社。当初は高級貨物を運ぶ運送会社として事業を開始した。

通常20万円以上するポスレジを、スマートフォンに小さな端末をつけることで格安のポスレジ化するモバイル決済もスクエア、コイニー、ペイパルなど各社が開始しています。

⑬ デアゴスティーニモデル

DeAGOSTINI Model

デアゴスティーニは、日本の城や特撮ヒーローなどの全集や、船や自動車のプラモデルがセットになった雑誌を小分けにして発売する方式で、人気を博しています。テレビコマーシャルでもおなじみです。

　このように、ひとつの商品を分割して、少しずつ売るのが、「デアゴスティーニモデル」です。

　顧客のメリットは、毎週届く楽しみが得られることや少ない小遣いでも買えることです。１冊３００円でも50冊もまとまれば１万５０００円にもなりますから、普通はなかなか買えません。また、嫌になったら途中でやめられるので最低限の出費で済みます。

　一方、デアゴスティーニにも、多くのメリットがあります。ひとつは、分割で売ることで、気軽に買ってもらいやすくなることです。一度買って気に入れば、最後まで買いそろえたくなるもの。それを狙って、デアゴスティーニでは、創刊号

デアゴスティーニのビジネスモデル

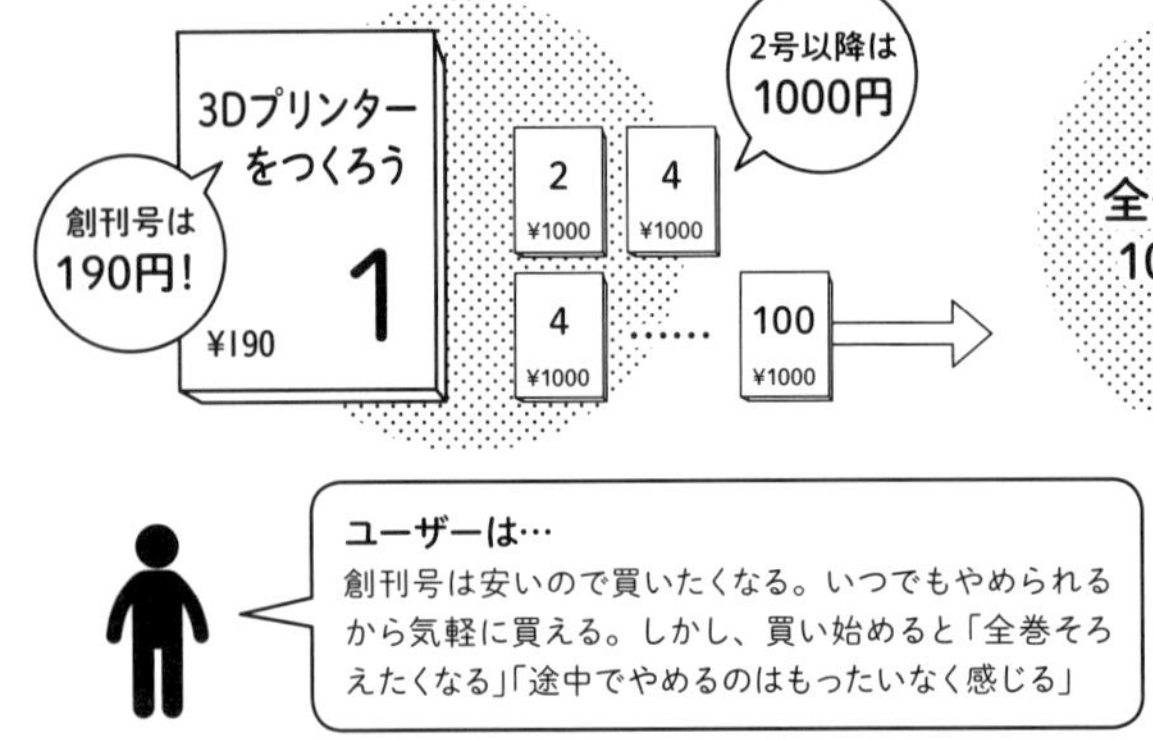
3Dプリンターをつくろう
1
¥190
創刊号は190円!
2号以降は1000円
2 ¥1000
4 ¥1000
4 ¥1000
……
100 ¥1000
全部そろえると10万円以上?
ユーザーは…
創刊号は安いので買いたくなる。いつでもやめられるから気軽に買える。しかし、買い始めると「全巻そろえたくなる」「途中でやめるのはもったいなく感じる」

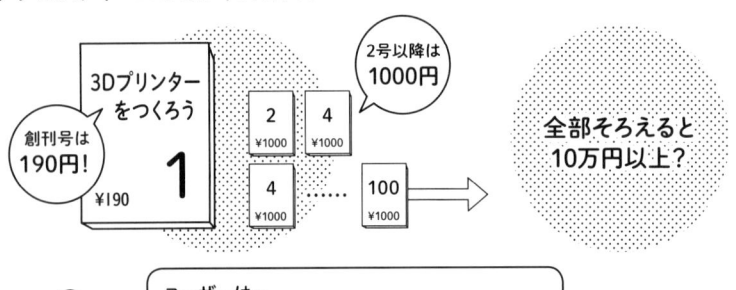

を190円程度と安く販売しています。

また、この方法は、創刊号の売れ行きによってその後の売れ行きが予想できるので、2号目以降の在庫リスクを抑えられる長所もあります。

漫画なども創刊号から第3巻まで読んだ読者の多くはその後も購読するといわれているため、3巻までを低価格で提供するなどの工夫をしているケースがあります。このように他の業界でも応用が効くビジネスモデルでしょう。

⑭ 逓増価格

Price Increment

はじめは低価格ですが、だんだんと価格が上がっていくというモデルです。前出の**ベネッセ**の「**進研ゼミ**」が、その例でしょう。学年が上がるにつれて内容も充実するため価格も上昇します。最初はお試し価格で安くして、あとで利益を得る方法です。

Service

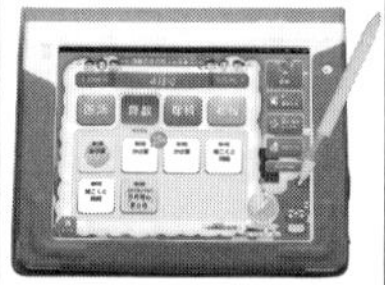

進研ゼミ

ベネッセによる小中高校生向け通信教育講座。日本最大級のサービスで、家庭学習向けの教材や定期テストなど、さまざまなプランがある。

⑮マークアップ式

Markup

コストに一定の率の利益を乗せる、という通常の価格の設定方法です。たとえば、電力料金は、コストに、一定の率の利益を乗せて、決めています。

⑯シェア型化・物々交換

Share

個人間で物を貸し合えるような「シェア」の仕組みをつくることとです。ソーシャルメディアの発達によって、特にアメリカにおいて次々と新しいサービスが生まれています。

たとえば、**「エアビーアンドビー」**は、旅行のときに、宿を探している人と自分の家に泊めてもよいという人をマッチングするサイト。自分の家をシェアするわけです。

また、アメリカでは**Uber**（ウーバー）のような個人で車を貸し合えるサイトも登場しています。個人がシェアするので、利用料金はホテルやレンタカーを利用するより、安く

Service

エアビーアンドビー

宿泊場所の提供者（ホスト）と宿泊場所を探している旅行者（ゲスト）をつなぐ、インターネット上のプラットフォーム。世界190カ国で宿泊可能、宿泊客数は1700万人以上

済みます。

同じ人が貸す方にも借りる方にもなれることから、「物々交換」の仕組みといってもよいでしょう。

日本では旅館業法や白タクに該当するなど各種規制に抵触しますが、徐々に普及が進んでいるようです。今後の動向が注目されます。

⑰ 逓減価格
Price Reduction

時間がたつごとに、機械的に価格が下がる仕組みです。それを取り入れて人気を博しているのが、古着店の「**ドンドンダウンオンウェンズデイ**」です。

この店の古着には、値札の代わりに、リンゴやブドウなどのイラストが描かれたタグがつけられています。実はこれが値段を表すタグ。店内に100円から7000円まで、10段階の料金表が掲げられていて、「ブドウ5000円」というように、それぞれのイラストがいくらを表すのかが書かれています。

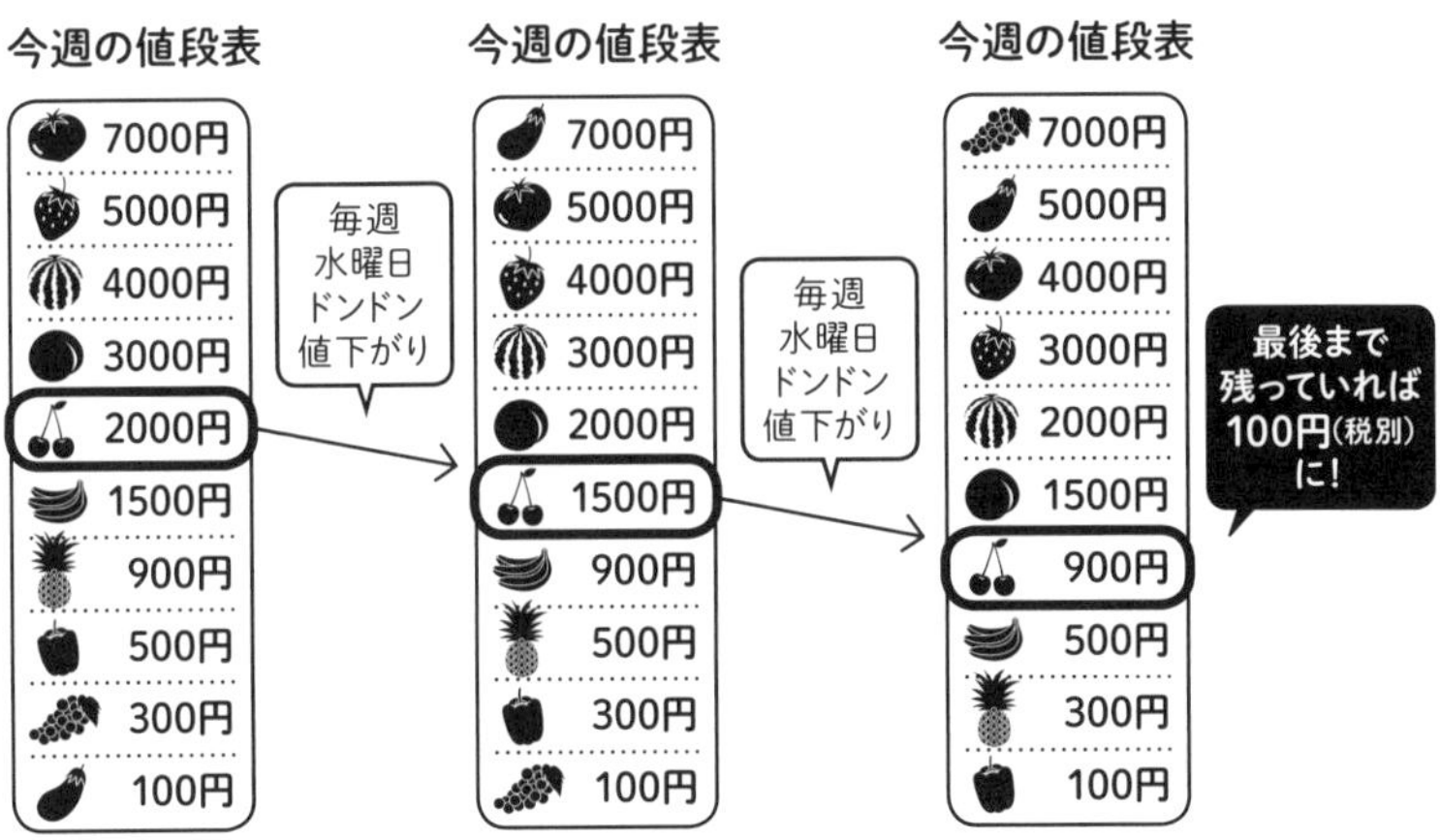
今週の値段表
7000円
5000円
4000円
3000円
2000円
1500円
900円
500円
300円
100円
毎週水曜日ドンドン値下がり
今週の値段表
7000円
5000円
4000円
3000円
2000円
1500円
900円
500円
300円
100円
毎週水曜日ドンドン値下がり
今週の値段表
7000円
5000円
4000円
3000円
2000円
1500円
900円
500円
300円
100円
最後まで残っていれば100円(税別)に!

ユニークなのは、毎週水曜日になると、1段階価格が下がることです。たとえば、今週ブドウが5000円だったら、翌週は4000円、翌々週は3000円と下がっていくのです。安くなるまで待ちたいところですが、古着は一点ものなので、待っていたら誰かに買われてしまう可能性があります。そうした駆け引きが楽しめます。

店から見ると、だいたい適正な価格で売れていくので、値付けがわからない品は最高値の7000円をつけておけば、大きな間違いはありません。つまり、店員の目利きがいらないシステムというわけです。

Q あなたは、地元客を主なターゲットとした街の小さなパン屋さんだったとします。その場合、「顧客の経済性のシフト」をいかにして行いますか。考えてみてください。

〈ステップ4のまとめ〉
❶顧客のトータルコストを削減する　❷実績連動化・成功報酬型　❸価格の個別化・カスタマイズ化　❹無料化、低価格化　❺変動価格化、オークション化、リバース・オークション化　❻ライセンス化、フランチャイズ化　❼会員制月額課金モデル化　❽金融化（リース・レンタル化）　❾カミソリの刃モデル　❿受注前受け化　⓫仲介型　⓬高価格化　⓭デアゴスティーニモデル　⓮逓増価格　⓯マークアップ式　⓰シェア型化・物々交換　⓱逓減価格

ポイント
顧客の経済性をステップ4で紹介してきた17のポイントでシフトしてみましょう。

A たとえば次のようなことが考えられます。
・有料の会員制のパン屋さんにする（会員制）
・パンを安くして（一部無料にして）、
料理教室に誘導する（無料化・低価格化）
・時間によって値段を変える（変動価格化）
・おいしかったらお金をいっぱい払ってもらう方式にする（成功報酬型）
・オーダーを受けてからパンをつくる（前受け代）

Question 05

需要などに応じて価格を変動させる方法として、_______________、__________________________がある。

Question 06

ライセンス化とは、____________グッズや__________などの自社の権利を他社が製造販売に利用できるようにすること。

Question 07

スポーツジム、スマホのアプリ、塾などで利用されているのが。毎月料金を支払ってもらう______________モデル。

Question 08

コピー機やパソコン、車などを____するのではなく、______を行うことで使用料を得る方法が金融化。

Question 09

____________モデルとは、柄を安く売って、広く普及させ、交換用の刃でもうける方法。類似のビジネスモデルには、インクの__________、水の___________________などがある。

Question 10

仲介型とは、売りたい人と買いたい人の間をとりもって、__________で稼ぐビジネスモデル。

Question 11

ブランド品のようにステータスを上げるものは価格を____することで価値を高められる。

Question 12

ひとつの商品を分割して、少しずつ売るのが、__________________モデル。

Examination

Part 3-4

「ビジネスモデル構築 7 ステップ」テスト④

顧客にいくらで売るかを考える

第3章ではビジネスモデルを構築するための7つのステップを解説しています。ステップ4は「価格・顧客の経済性のシフト」。ここで具体的に顧客にとっての価値と価格を考えていきます。それでは、「おさらい」してみましょう。

＊設問の答えは179ページに掲載しています

Question 01

顧客が支払う製品やサービスの値段だけでなく、関連して生じるさまざまな費用を含めた全体のコストを＿＿＿＿＿＿＿＿という。

Question 02

実績連動化、または成功報酬型は、＿＿＿＿＿に応じて料金を決めることで、価格を＿＿＿する方法。

Question 03

価格の個別化・カスタマイズ化とは、個々の顧客の＿＿＿に合わせて、＿＿＿を変える方法。

Question 04

無料化、低価格化には、無料での利用者の一部が有料サービスに加入することで稼ぐ＿＿＿＿＿＿＿＿、情報は無料だが広告で稼ぐ＿＿＿＿＿＿＿などがある。

STEP 5

バリューチェーンをシフトする

Shift Your Value Chain

差別化のポイントはバリューチェーン！

ステップ5は、「バリューチェーンをシフトする」です。3つの箱でいえば、左の「バリューチェーン」の箱にあたります。会社の事業活動は、原材料の調達から製造・組み立て、物流、販売、サービスなどの主活動と、人事管理や研究開発機能などの支援活動で成り立っていて、それらの連鎖をバリューチェーンといいます（「経営戦略」41）。

たとえば食パンは、小麦粉、イースト菌などの原材料で生地をつくり焼いてでき上がります。それをお店に並べて店員さんが店舗で売る。このような流れがバリューチェーン、すなわち価値連鎖の一例です。食パン1斤の価格には、原材料費や人件費、お店の賃借料から広告費までさまざまなものが含まれ、それに利益を乗せられているわけです。

バリューチェーンのシフトとは、これらの機能の一部を変

ビジネスモデルの3つの箱

製造過程（バリューチェーン） Value Chain	⇒	顧客価値 Value Proposition	⇒	顧客 Client or Customer

化させることで新たなビジネスモデルを生み出す方法です。

　バリューチェーンをシフトする視点は、以下の11点あります。順番に見ていきましょう。

❶バンドル化とアンバンドル化

Bundling & Unbundling

　バンドル化とは、複数の企業が分担して行っていたバリューチェーンを束ねていくこと。つまり、他社がやっている領域の仕事にまで進出していくことです。

　たとえば、**電通**は、メディアの広告枠をメディアに代わって販売する広告代理店ですが、次第にコピーライターやデザイナーなどのクリエイティブ部門を自社で抱え、広告制作全体まで手がけるようになりました。さらに販売促進のためのイベントの企画立案や運営、商品のブランディング戦略の立案、はたまた商品開発まで、どんどんバリューチェーンを広げていきました。

　顧客である広告主企業としては自社でコピーライターを抱える必要もなく、またさまざまな企業との調整をする必要も

バリューチェーン（価値連鎖）

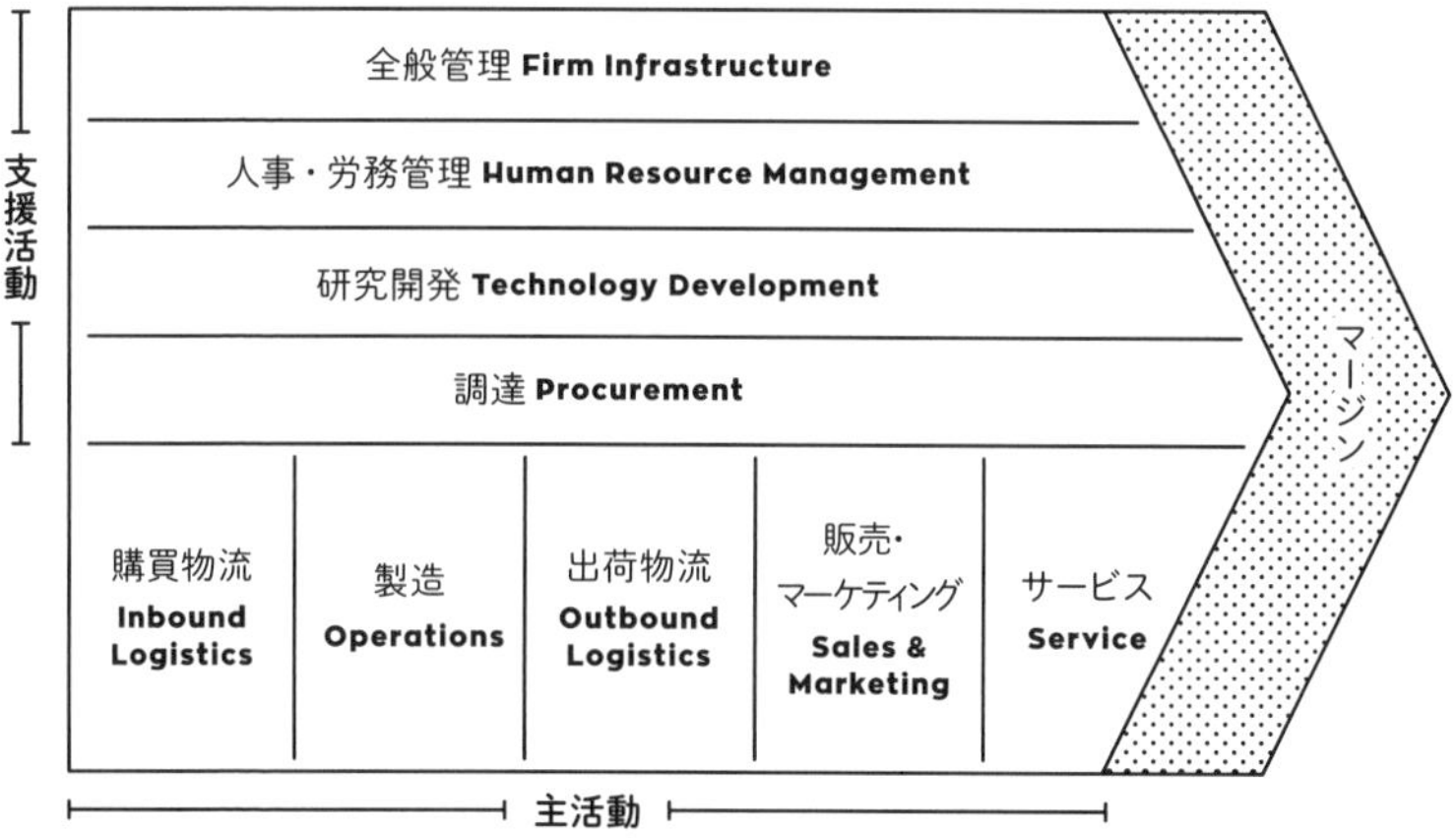
全般管理 Firm Infrastructure
人事・労務管理 Human Resource Management
研究開発 Technology Development
調達 Procurement
支援活動
購買物流 Inbound Logistics
製造 Operations
出荷物流 Outbound Logistics
販売・マーケティング Sales & Marketing
サービス Service
マージン
主活動

なくなるので電通のようなあらゆる宣伝広告活動をワンストップで行ってくれる存在は、非常に便利なわけです。このように電通は単なる代理店から広告のバリューチェーン全体にまで事業を拡大することで日本最大の広告会社となりました。

　ファストファッションで急成長をしているスペインの**インディテックス**（**ZARA**ブランドで有名）、**H&M**、**GAP**、**ユニクロ**（ファーストリテイリング）、**ワールド**などは、商品企画から生産、店舗での販売までを一気通貫で行う、いわゆる「SPA（**Specialty store retailer of Private label Apparel**）」を行っています。これも、メーカーがバリューチェーンの領域を川下に広げていったり、逆に小売業が領域を川上に広げていったりした例です。SPAのメリットは、川上から川下までのバリューチェーン全体で情報を共有することで、製品のつくり過ぎを防いでコストを抑えられることや、流行をすみやかに取り入れた商品づくりができることなどが挙げられます。

　なお複数の企業をまたいだバリューチェーンの場合には**サプライチェーン**と呼ばれることが一般的ですが、これらの間でムダをなくすことで効率化を行うことを**サプライチェーン**

電通のビジネスモデル

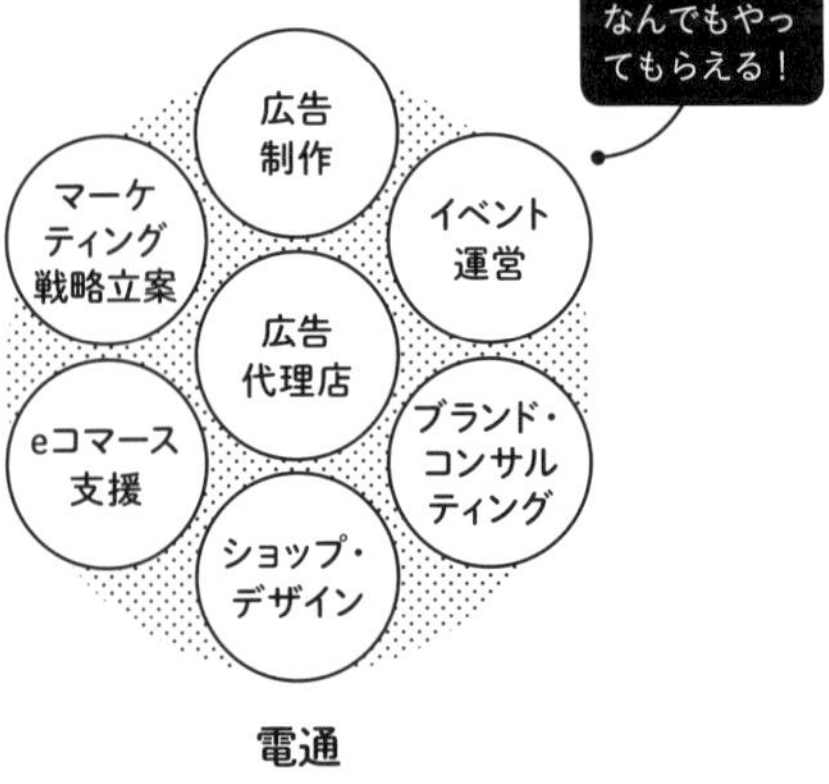

なんでもやってもらえる！
広告制作
マーケティング戦略立案
イベント運営
広告代理店
eコマース支援
ブランド・コンサルティング
ショップ・デザイン
電通

アメリカなどではクリエイティブな部分だけを行う企業などが多数存在し、広告を出稿する企業が広告制作というバリューチェーンの中で複数の企業を利用するのが一般的です。電通はその道を行ったわけです。

マネジメント（「経営戦略」61）と呼びます。

他にも、**WOWOW**や**フジテレビ**のように、放送局が川上のコンテンツ、すなわち番組制作や映画製作まで進出することも、バンドリングの例といえるでしょう。

一方、**アンバンドル化**とは、従来、ひとつの会社が行っていたバリューチェーンの一部を切り離すことです。

たとえばホテル運営とホテル設備所有の分離。海外ではこれら2つが分離されているのは普通ですが、日本では昔から旅館などは施設の所有者が運営も行ってきました。それに対して、**星野リゾート**はさまざまなリゾート施設を手がけていますが、実はそれらの多くは自社で施設を所有しているわけではなく、経営だけを手がけています。所有と運営のアンバンドリングというわけですね。星野リゾートはリスクを抑えて運営できますし、施設の所有者はプロに運営を任せられるわけです。

以前わたしが興銀（日本興業銀行、現みずほ銀行）にいたころに担当した中国・北京の**長富宮飯店**というホテルは、施設を所有していたのは**新日鐵**（当時）でしたが、オペレーシ

SPAとは？

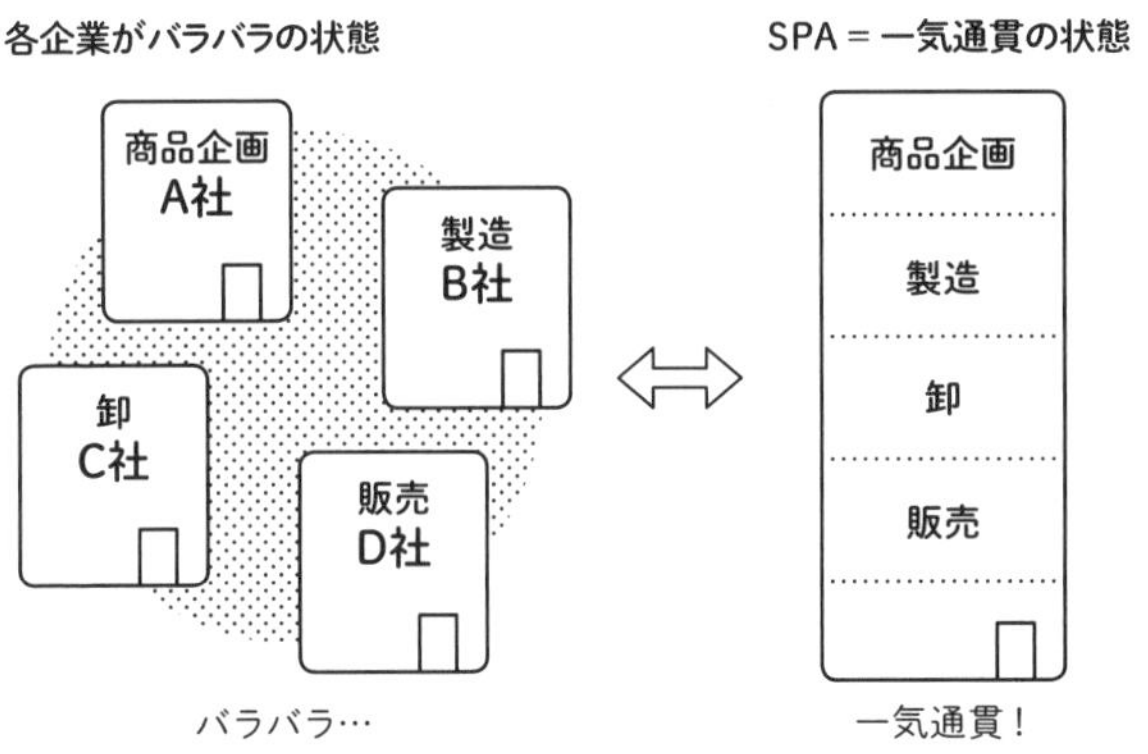
各企業がバラバラの状態
商品企画 A社
製造 B社
卸 C社
販売 D社
バラバラ…
SPA＝一気通貫の状態
商品企画
製造
卸
販売
一気通貫！

ヨンを行っていたのは**ニューオータニ**でした。星野リゾートはそのモデルを日本国内でも行い急成長しました。

セブン銀行も、アンバンドリングの一例。通常、銀行は預金と貸し出しを行うため、自行の支店の窓口やATMを持っていますが、セブン銀行はバリューチェーンのうちATMだけを親会社でありコンビニエンスストアでもあるセブン-イレブンの店舗に設置し、他の銀行のお金も引き出せるようにしました。これによりセブン銀行は、他の銀行の預金から引き出す人が増えれば増えるほど自行に他行から手数料が得られるという新しいビジネスモデルで成功しました。

❷ アウトソース
Outsourcing

バリューチェーンの一部を、外の企業や個人に委託することです。ビジネスの国際化に伴い海外の人件費の安い地域に自社のバリューチェーンの一部を移転することは日常的になっています。

たとえば、**アップル**は、iPhoneなどの製造を台湾の

星野リゾートの「アンバンドル化」

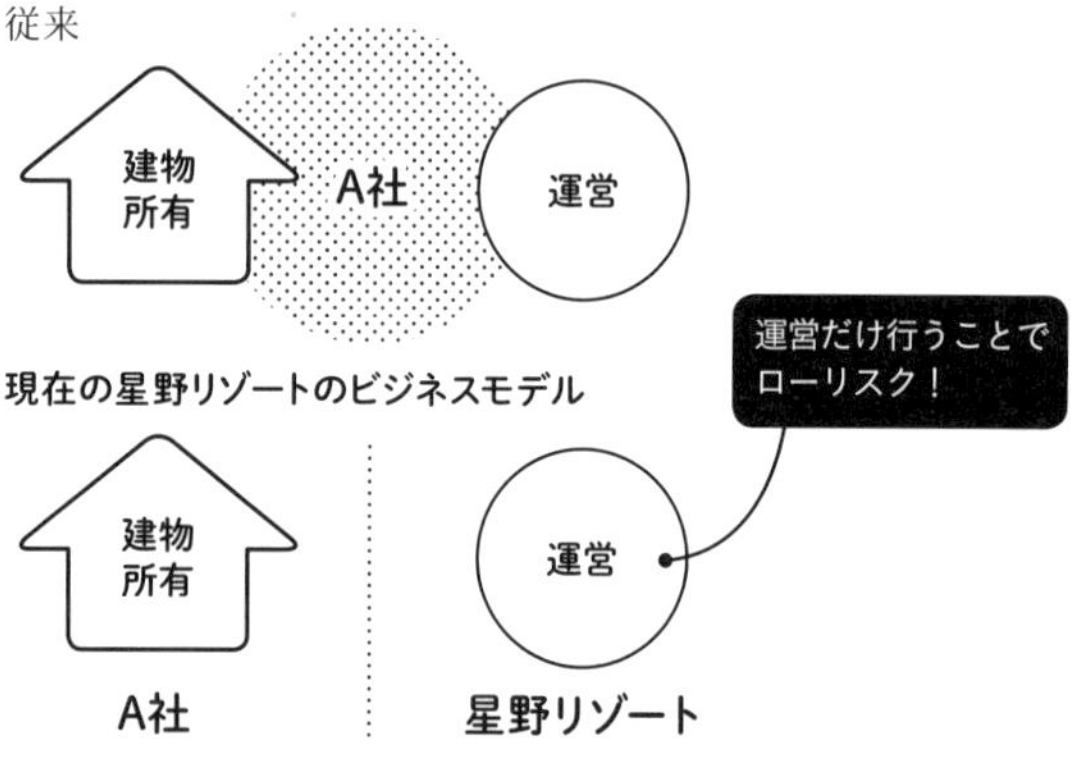
従来
建物所有
A社
運営
現在の星野リゾートのビジネスモデル
運営だけ行うことでローリスク！
建物所有
運営
A社
星野リゾート

鴻海精密工業《ホンハイ》にアウトソースしてきました。アップルは企画デザイン・仕様策定などを行い、製造は得意なところに任せることでコスト削減を実現しています。

❸オープン化

Open Architecture

自社の製品・サービスに付加価値を増すような製品・サービス（補完財）を増やすため、それらを製造するための仕様などの情報を広く公開して、他社にバリューチェーンの一部を担ってもらう方法です。無料と有償と両方が考えられます。

たとえば、スマートフォンやパソコンのＯＳやゲーム機などのプラットフォームを持つ企業は「**API公開**」を行っています。ＡＰＩ（Application Programming Interface）とはプログラムのインターフェイス（境界面）の仕様のことで、これを公開することで、多くの企業がそのプラットフォーム上で動くソフトウェアをつくれるようになります。普通、ソフトウェアは自前でつくるか、他の企業と個別に契約してつくってもらいますが、ＡＰＩを公開することにより誰しもが定められた規約

Book

オープンイノベーション
知識創造の新時代へ

『オープンイノベーション――組織を越えたネットワークが成長を加速する』ヘンリー・チェスブロウ他著
社内・社外の人材・組織・ネットワークを生かして新たな知を創造する「オープンイノベーション」のモデルを第一線の経営学者らが解説。

インターネットの普及によりバリューチェーンのアウトソース化がグローバル化してきています。

に合意の上でつくれるので、ソフトウェアの種類を一気に増やすことができるのです。

フェイスブックはAPI公開をしたことで、ゲームを一気にたくさん提供できるようになり、ユーザー数を爆発的に増やすことに成功したことは述べました。

また、世界最大の一般消費財メーカーである**プロクター・アンド・ギャンブル社（P&G）**は、**Connect + Develop**と呼ばれる取り組みを通じて、世界の企業や研究機関などど、製品や、新規技術、新ビジネスモデルなどの開発・推進を行っています。これは「新規開発をするにあたり、P&Gはこういう技術を求めています」といった情報をホームページなどで広く公開し、外部と協働することにより、より迅速に、より大きな革新を生み出す、オープンイノベーションのプラットフォームを構築しています。

先に紹介した**インテル**がプラットフォーム戦略®により普及させたUSBも、仕様をオープン化することでうまくいった事例です。さまざまな企業がUSBに接続して簡単にパソコンで利用できる機器を製造し、パソコンの利用範囲を広げ

Company

Tide
PODS

P&G

1837年創業、正式名称はプロクター・アンド・ギャンブル。多数のブランド・事業を展開し、世界180カ国以上に拠点がある。

オープン化をする際には、どこで差別化を行うかを考えてからのぞみましょう。

ることに成功しました。ここで重要な点は、インテルはオープン化しつつも実は特許を有しており、またその仕様の一部はブラックボックス（秘密）化している点です。すべてをオープンにするとライバル企業も一気に補完財を増やせてしまうというリスクがあります。

大切なことは、どこまでを自社が行い差別化を保持しながら、どこからをオープン化するかという全体戦略を事前にしっかりと構築し、必要な知的財産などを確保することでしょう。

❹ ソーシャル・プラットフォーム化

Social Strategy

バリューチェーンの一部をソーシャル・プラットフォーム化することで自社のバリューチェーンの一部をアウトソース化する方法です。

たとえば、グルメ情報サイトの**食べログ**はその一例。従来のグルメ情報メディアは、**ぴあグルメ**のようにスタッフがレストランに取材に行きお店の情報をコンテンツとして作成し

Facebookのモデル

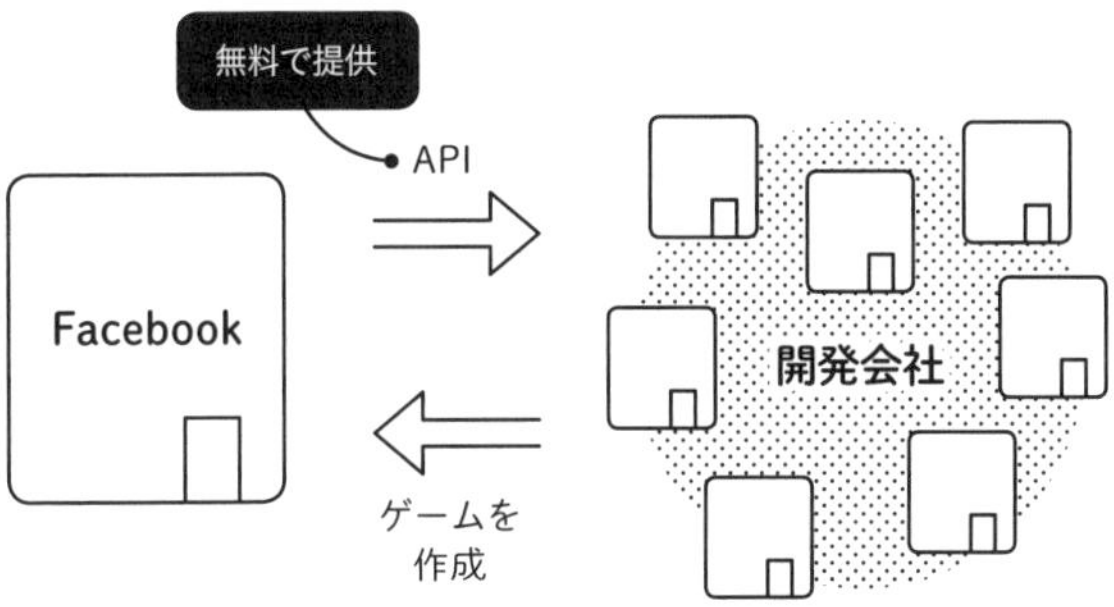

ていましたが、食べログは、個人が書き込めるプラットフォームをつくり、取材と情報コンテンツの作成を一般の人にアウトソースしました。

ウィキペディアも同様の例で、百科事典の制作を一般の人たちにアウトソースしています。

最近はやりの**クラウドファンディング**も、一般の人からお金を集めるソーシャル・プラットフォームのひとつの形といえます。日本では投資としての資金拠出ができないために、今のところは集められた資金でつくった商品などの購入くらいしかできません。しかしアメリカなどでは、ソーシャル・プラットフォームで集めたお金で映画をつくり、もうかったら山分けにする、といったことが行われています。今後日本でも規制緩和の動向が注目されています。

❺シェア化
Share

バリューチェーンの一部を大勢でシェアするという考え方

食べログのモデル

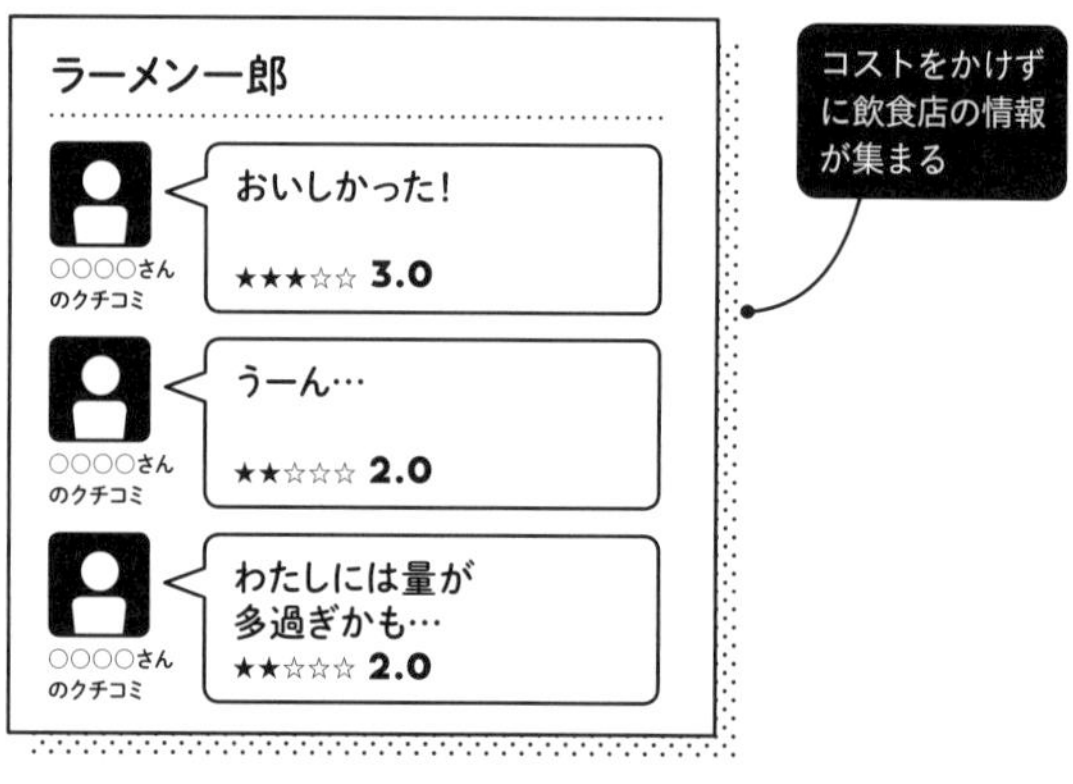
ラーメン一郎
おいしかった!
★★★☆☆ 3.0
○○○○さんのクチコミ
うーん…
★★☆☆☆ 2.0
○○○○さんのクチコミ
わたしには量が多過ぎかも…
★★☆☆☆ 2.0
○○○○さんのクチコミ
コストをかけずに飲食店の情報が集まる

です。特にアメリカでは個人の自宅に宿泊したい人と宿泊させたい個人を仲介する**エアビーアンドビー**などが急成長しています（136ページ）。

また、先にも述べましたが、アメリカのベンチャーの**Uber**は世界50カ国以上で展開されているハイヤーやタクシーをスマートフォンのアプリで呼べるサービスを展開しており日本でも開始しています。同社は、日本では白タクと呼ばれるサービスとの類似性で規制上難しいとされている**ライドシェア**（相乗り）で急成長しました。これは個人間での相乗りを仲介するプラットフォームです。日本でもカーシェアやルームシェアなどが普及しつつありますが、今のところ規制によりCtoC（Consumer to Consumer）では事業が難しい状況にあります。

また、**アマゾン**の**EC2**のようなクラウドサービスも、自社サーバーをユーザーとシェアしているといえます。

シェアサービスは「所有から利用へ」という大きな流れの中で今後広がる可能性が大きい分野だといえますが、日本の場合には規制緩和がなされるかどうかが重要な点でしょう。

Uberのモデル

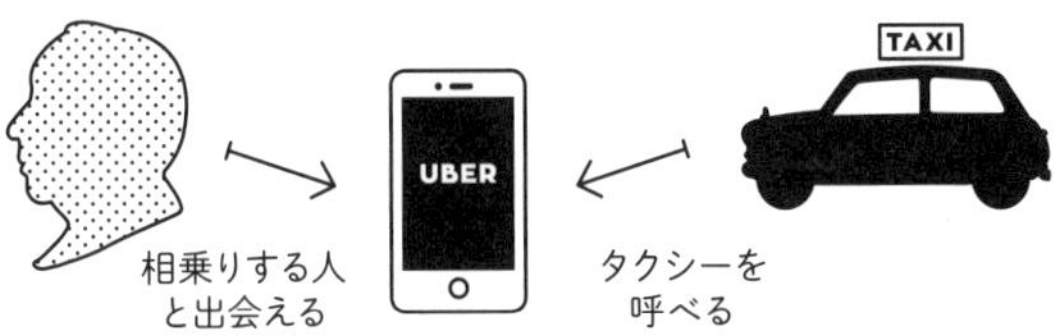

❻スピード化、リーン化

Lean

リーンとは「ムダをなくす」という意味。すなわちリーン化とは、バリューチェーンのムダをなくして、効率化、スピードアップを図るという意味です。生産工程のボトルネックを解消することで効率化を図る、トヨタの「**リーン・マネジメント**」は、その方法のひとつとしてよく知られています。

既出の**SPA**モデルも、バリューチェーンのスピード化をするには大変有効です。洋服は、従来大手メーカーがファッション雑誌などと連携して流行をつくり出す戦略をとってきましたが、実際には流行はすぐに変わってしまいます。そうした動きに対応して素早くパターンをつくって、市場に投入できることが重要性を増しています。

SPAモデルのように、生産から販売までを一気通貫で取り組み、一連の工程をITで管理し、さらには物流の時間を短縮することで、ムダがなくなり、新作を素早く出せて、在庫リスクを減らせるわけです。**ZARA**はこのため生産の多

トヨタのかんばん方式の概念図

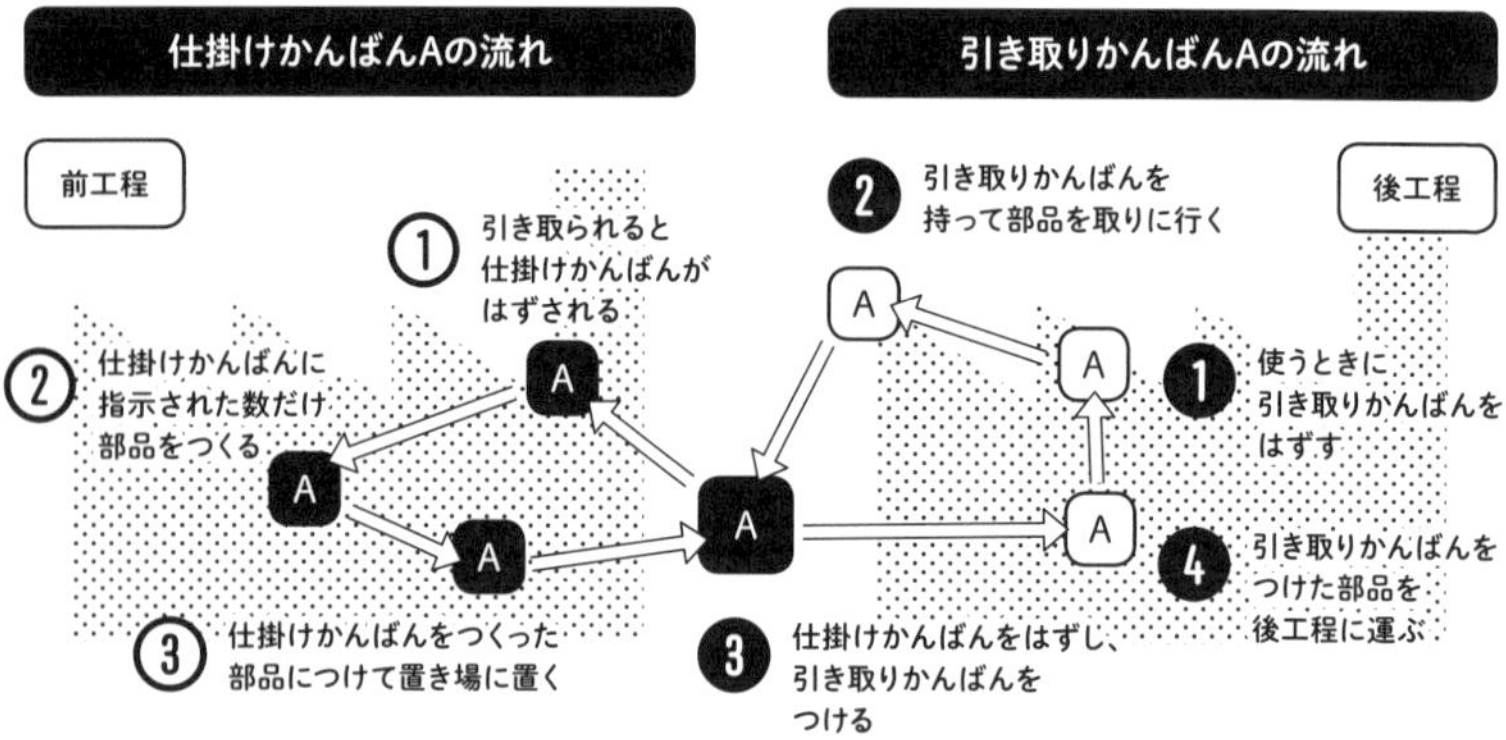

仕掛けかんばんAの流れ
引き取りかんばんAの流れ
前工程
後工程
① 引き取られると仕掛けかんばんがはずされる
② 仕掛けかんばんに指示された数だけ部品をつくる
③ 仕掛けかんばんをつくった部品につけて置き場に置く
❶ 使うときに引き取りかんばんをはずす
❷ 引き取りかんばんを持って部品を取りに行く
❸ 仕掛けかんばんをはずし、引き取りかんばんをつける
❹ 引き取りかんばんをつけた部品を後工程に運ぶ
A

くは人件費が高くてもヨーロッパで行い、ヨーロッパ全土に素早く商品を配達できるように運送トラックまでも自社で所有しています。何よりもスピードを重視しているのです。

❼オートメーション化

Automation

バリューチェーンの一部を自動化することで、効率アップ・スピードアップを図る方法です。

たとえば回転ずし店の一部では、シャリを握るすしロボットが導入されています。さらには、お客にすしを渡す工程をベルトコンベアで行うことでフロアの店員が不要になりました。現在は、他の食品でも全自動でつくれる機械があり、小さな個人店を数十店舗レベルのチェーンにまで拡大した例もあります。ビジネスモデルではありませんが**パナソニック**の**ホームベーカリー**もパンを家庭で自動でつくれるようにしたことで画期的な商品として大ヒットしました。

人口減が進む日本ではロボットなどのオートメーションが人手不足解消の切り札になるかもしれません。

❽ アライアンス

Alliance

他社とアライアンス（提携）を組んで、バリューチェーンの一部を担ってもらったり、協力して行ったりすることで、自社の強みを強化する方法です。「コラボ」ともいわれます。

たとえば他のメーカーに製造を委託する「**OEM**」は、アライアンスの形態のひとつ。コンビニは**PB**（**プライベートブランド**）商品をOEMで委託先につくってもらうことで、自社の商品力を強化しています。これは自社の販売力が大きいことから低コストで仕入れが可能であり、また広告宣伝費もかからないことからナショナルメーカーと同等の商品を極めて安く販売することに成功しています。

大企業同士がアライアンスを組んで、より一層の強みを手に入れる「**強者連合**」も、よく見られます。

たとえば、国際線の航空会社同士によるスターアライアンスやワンワールドのようなキャリア同士の提携が有名です。同じアライアンス内のキャリアと共同運航ができるので、自

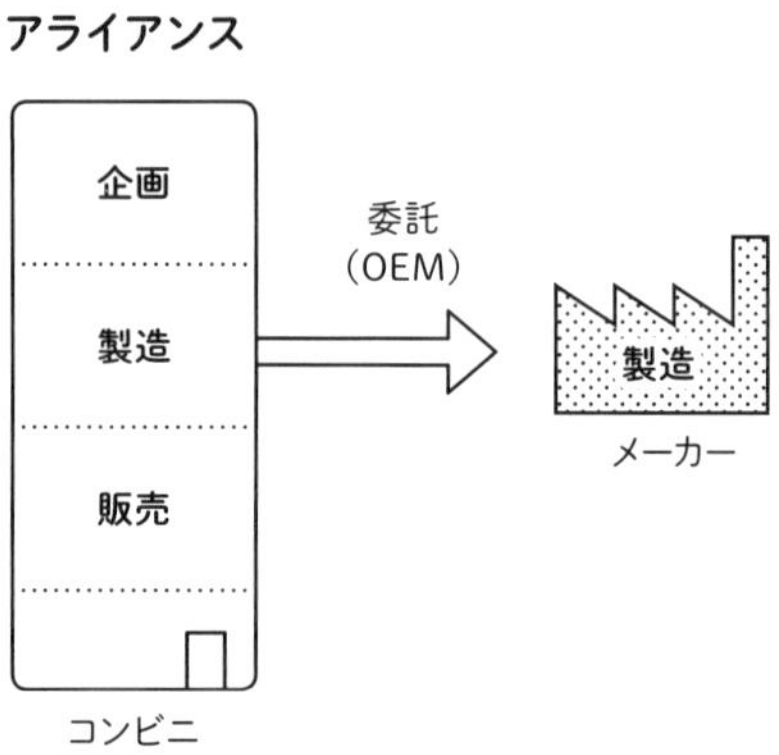
アライアンス
企画
製造
販売
コンビニ
委託
(OEM)
製造
メーカー

社で飛行機を飛ばさなくても、多くの路線を顧客に提供できます。また同じアライアンス内ではマイルがたまりやすいので、顧客に選んでもらいやすくなるわけです。

かつては、**エクソン**や**BP**などの石油メジャー7社が強者連合を組み（**セブンシスターズ**）、新興勢力の参入を阻止してきましたが、現在はなくなりました。

アライアンスは常に独占禁止法の問題に注意する必要があります。独占禁止法は原則同一の国において国ごとに認定されるのでそれらを回避するために国や業種を超えてアライアンスを組むケースも多く見られます。アライアンスを組むことは、小さな会社が大きく成長する足がかりにもなります。たとえば**グーグル**は、もともと**ヤフー**とアライアンスを組んで、検索エンジンを提供していました。

また**ナイキ**は、もともと日本の**アシックス**の販売代理店をしていました。その後ライセンスが切れたので自社製品の開発に踏み出したわけですが、すでに顧客がいたことが、その後の躍進につながりました。マイケル・ジョーダンなどの著名人の広告への起用や優れたデザインと機能でトップブラン

強者連合の例

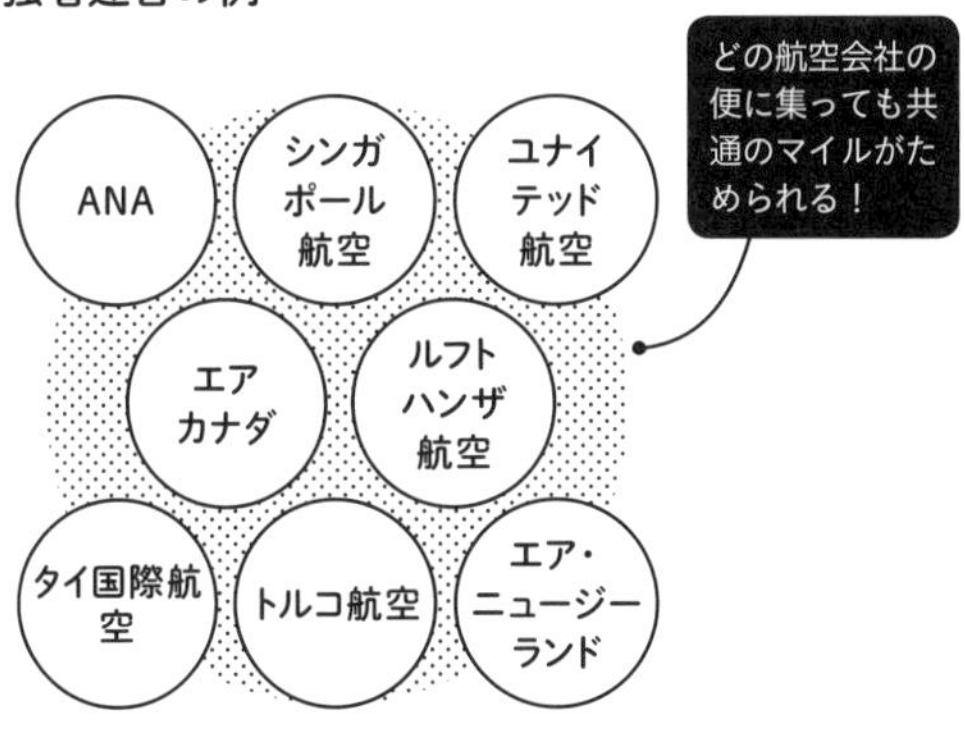
どの航空会社の便に集っても共通のマイルがためられる！
ANA
シンガポール航空
ユナイテッド航空
エアカナダ
ルフトハンザ航空
タイ国際航空
トルコ航空
エア・ニュージーランド

スターアライアンス

ドになりました。韓国の**現代《ヒュンダイ》自動車**も、もともとは日本の**三菱自動車**と提携してエンジンを購入していましたが、その後自社にノウハウを蓄え自社で開発できるようになり韓国トップの自動車メーカーに成長しました。

このように他社の力を借りると、のちにバリューチェーンを拡大しやすくなる事例が多いことに気が付きます。フランチャイズに加盟することでノウハウを学びのちに自社で行うという方法もあります。ただし契約上の縛りなどもあるので注意が必要でしょう。焼肉チェーンの**牛角**の創業者である西山和義氏はフランチャイズや店舗でのマニュアル化の勉強をするために**マクドナルド**の一店員として学んだ話は有名ですね。

❾ブロック化で参入障壁化

Blocking

バリューチェーンの一部を自社で独占することで、他社の参入を阻み、自社の優位性を生み出す方法です。多くの場合は、規制のある部分の独占を狙っていきます。

アシックスとナイキの例

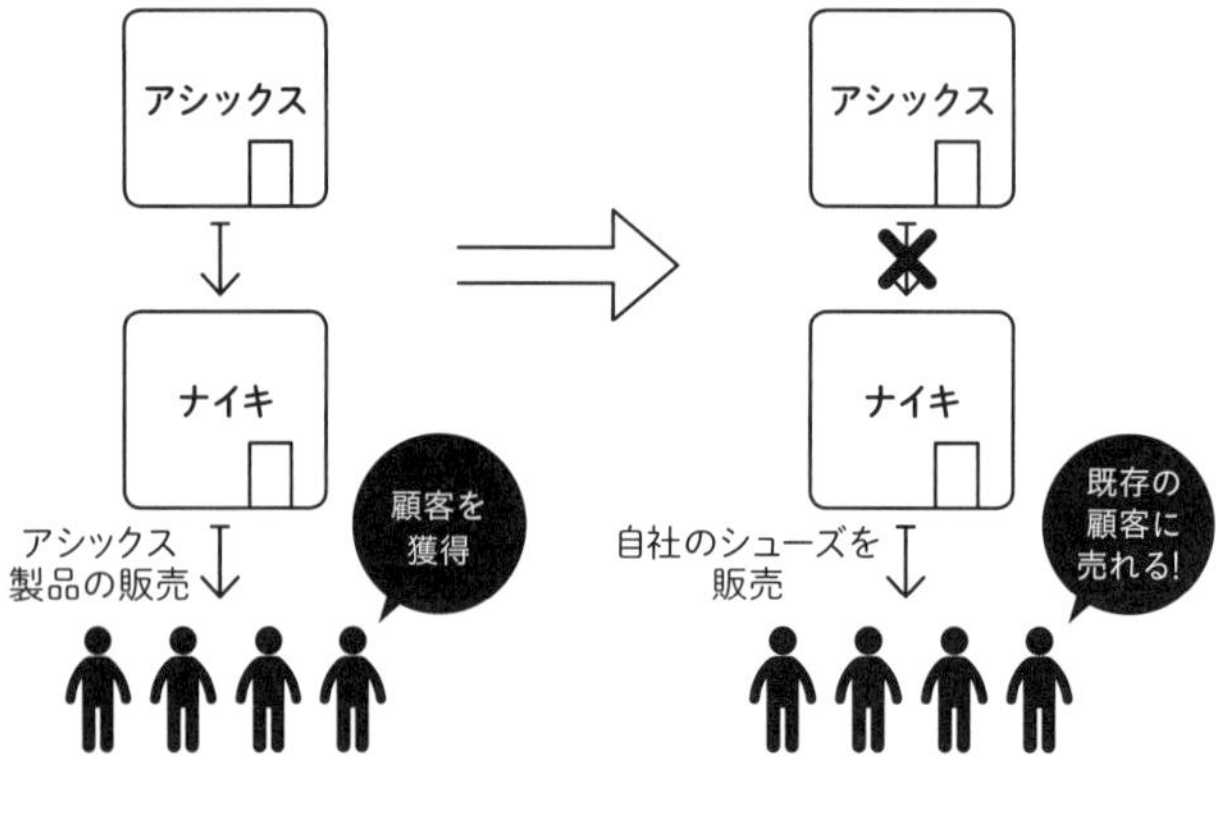

たとえば、**セブン-イレブン**が他のコンビニよりも早く成長を遂げた理由のひとつは、最初に酒販店を押さえたことでした。酒類を扱うには免許がいることから、当初はお酒を置いているコンビニはセブン-イレブンばかりでした。これは大きな差別化となりました。バリューチェーンの中に規制や有限の資源がある場合にはその資源を独占することで大きな収益を生むビジネスになります。

たとえば**テレビ局の地上波デジタル網**の割り当ては総務省の許認可で決定していますし、**携帯電話の電波帯域**も、**NTTドコモ**と**KDDI**と**ソフトバンク**など数社に総務省の許認可で決定されています。アメリカなどではオークションによって数千億円もの資金が必要といわれる一方、日本は総務省が決めるため無料で取得できますが、許認可を受けるのは簡単ではありません。ソフトバンクの孫正義氏は若い頃から通信事業をやりたいと述べていたとのことですが、参入障壁が高い分野にチャレンジして成功すれば大きなリターンを得られる可能性があるわけです。

他にも**資源メジャー**といわれるダイヤモンドの採鉱・流

セブン-イレブンの例

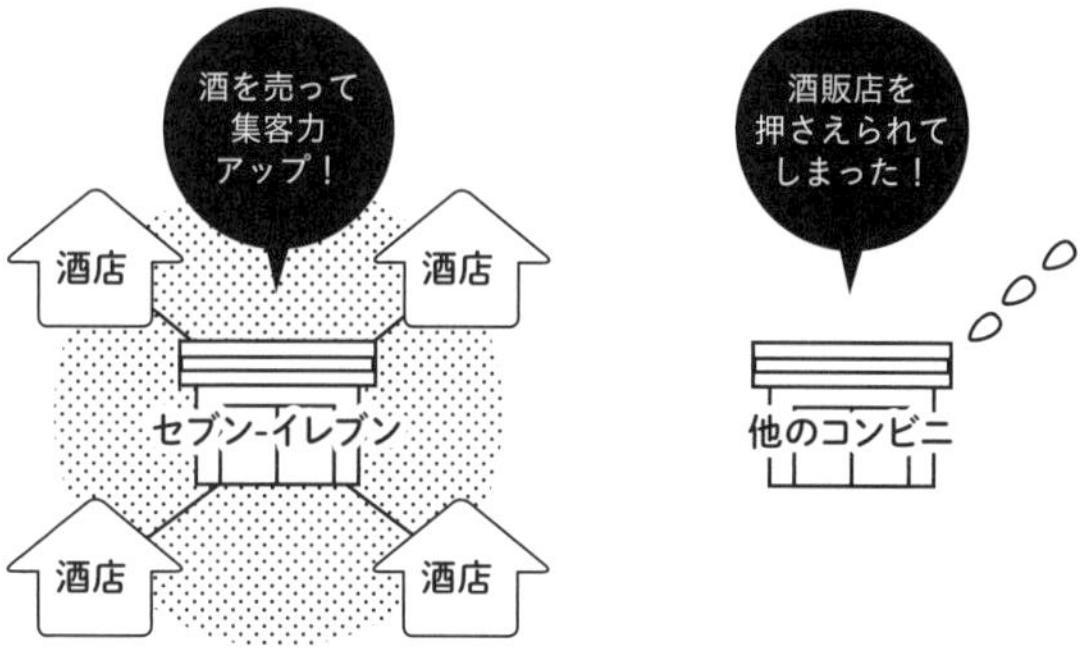

酒を売って
集客力
アップ！
酒店
酒店
セブン-イレブン
酒店
酒店
酒販店を
押さえられて
しまった！
他のコンビニ

通・加工・卸売会社大手の**デビアス**のようにダイヤモンド鉱山を押さえたり、石油メジャーのように油田を押さえたりすると、他社の参入が極めて難しくなります。

規制のない分野でも、バリューチェーンの一部を押さえて成功したのは、化粧品会社の**ファンケル**。原材料の供給を自ら行い自社の強力な販売力を持つことで、ＯＥＭ業者を50社以上使った低コストでの製造に成功したのです。

また、世界的コンサルティングファームの**マッキンゼー・アンド・カンパニー**はハーバード・ビジネス・スクールの若く優秀な学生を採用したことで有名になりました。優れた人材を確保することがコンサルティング会社にとっては最も重要な要素だからでしょう。

その他特許などの知的財産を独占することで長く競争優位を保つことができます。特許が切れた後は製薬会社の**ジェネリック商品**のように低価格の薬品の普及によって競争力が弱められてしまうことには注意が必要です。

バリューチェーンの一部分を押さえる方法は、他社との差別化や持続性を図る上で、非常に有効です。

ファンケルのビジネスモデル

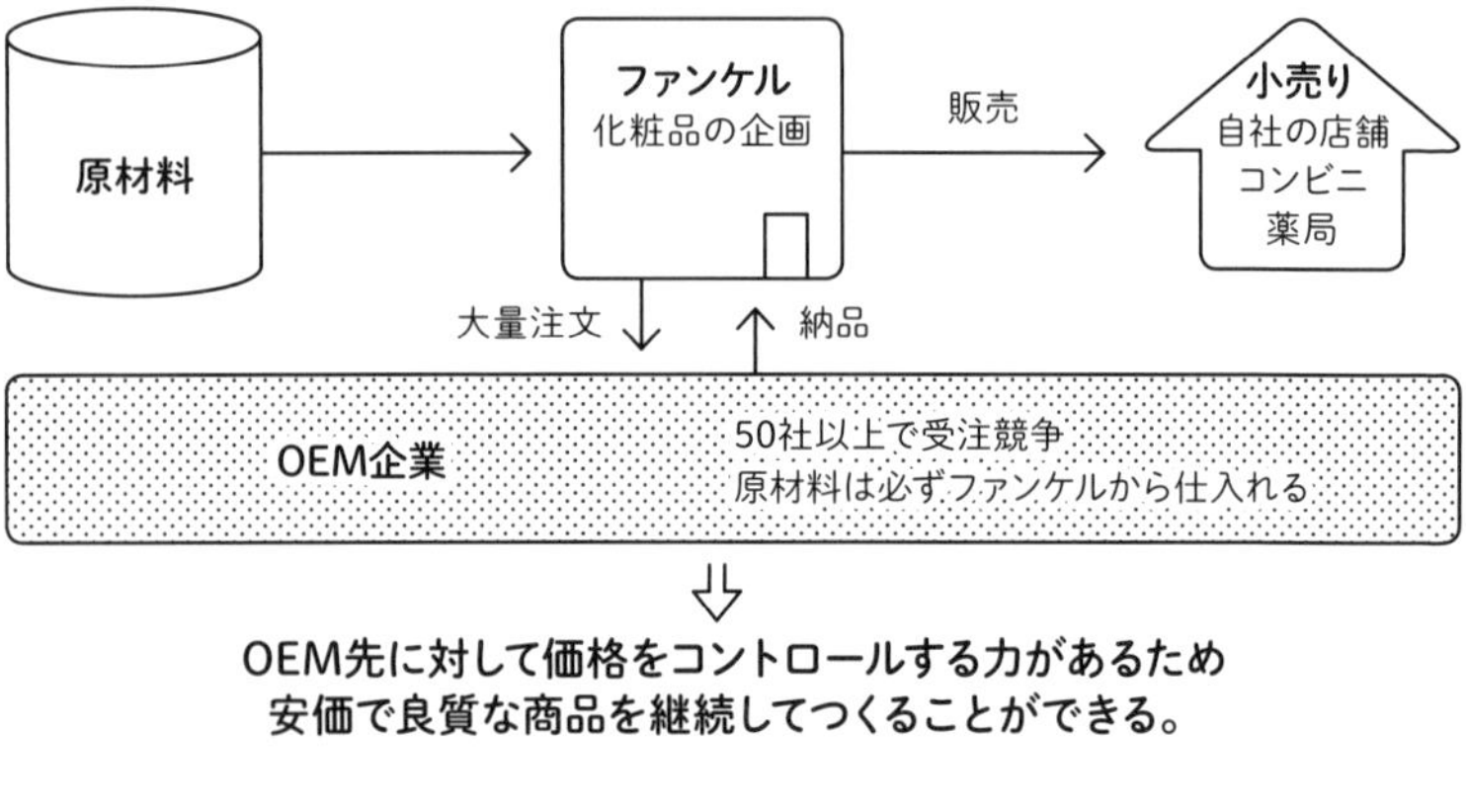
原材料
ファンケル
化粧品の企画
販売
小売り
自社の店舗
コンビニ
薬局
大量注文
納品
OEM企業
50社以上で受注競争
原材料は必ずファンケルから仕入れる
OEM先に対して価格をコントロールする力があるため
安価で良質な商品を継続してつくることができる。

⑩ 販売チャネルのシフト
Shift a distribution Channel

バリューチェーンのうち、販売に関する過程を他社に担ってもらうことです。

たとえば、フランチャイズ化、販売代理店への委託などは一般的ですね。委託方法には法人に委託する方法とヒトに委託する方法があります。**ヤクルトレディー**も、個人事業主として販売を委託されており在庫リスクをもって営業しています。外資系などの**保険営業マン**も完全歩合制のところがあります。他にも**MLM**（**マルチレベルマーケティング**）なども、よしあしは別として、販売チャネルの個人へのシフトに相当します。

特に最近はインターネットの世界で一般化している、**アフィリエイト**や**アソシエイト**、**ドロップシッピング**（メーカーなどから直送してもらうネットショップ運営方法）なども、成果報酬を個人とシェアするという意味では、販売チャネルのシフトといえるでしょう。

ヤクルトのビジネスモデル

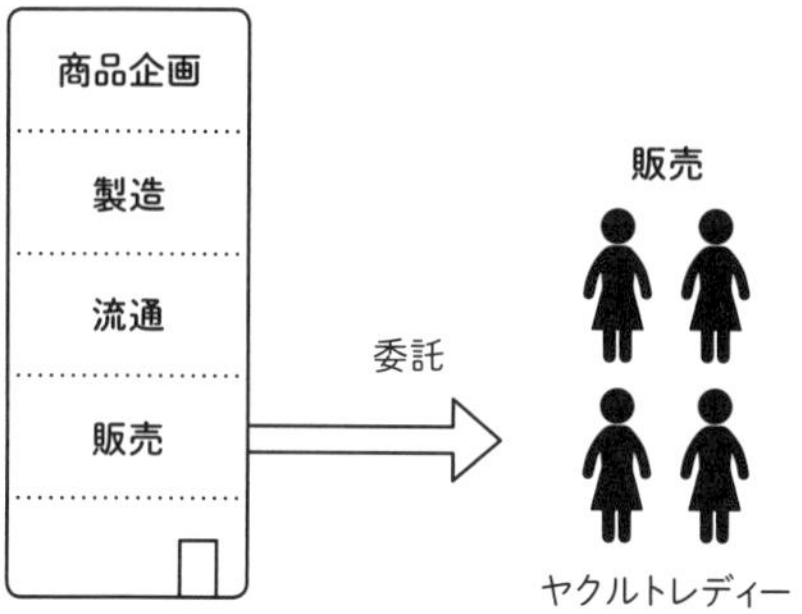

⓫ ダイレクト販売

Direct Sales

メーカーなどが、バリューチェーンから卸（問屋）や販売店などを「中抜き」をして、直接エンドユーザーに商品を販売することです。

ダイレクト販売では、卸や販売店（あるいは自社で抱える営業マン）のコストがない分、広告宣伝費などは必要ですが、低価格化が可能になり、エンドユーザーは製品やサービスを安く手に入れられ、供給元のメーカーも多くの利益を得られると考えられています。

ただ、コールセンターやサイトなどのＩＴ投資は必要ですし、返品リスクなどの卸の業務をメーカーが引き受けることにもなります。また、これまで付き合いのあった問屋や販売店とのフリクション（軋轢《あつれき》）も避けられません。自社で営業マンを抱えていた場合は、その人たちの処遇も考える必要があります。そうしたデメリットにも目を向けた上で、検討すべきでしょう。逆に今大量の営業スタッフを抱えている大企

ダイレクト販売

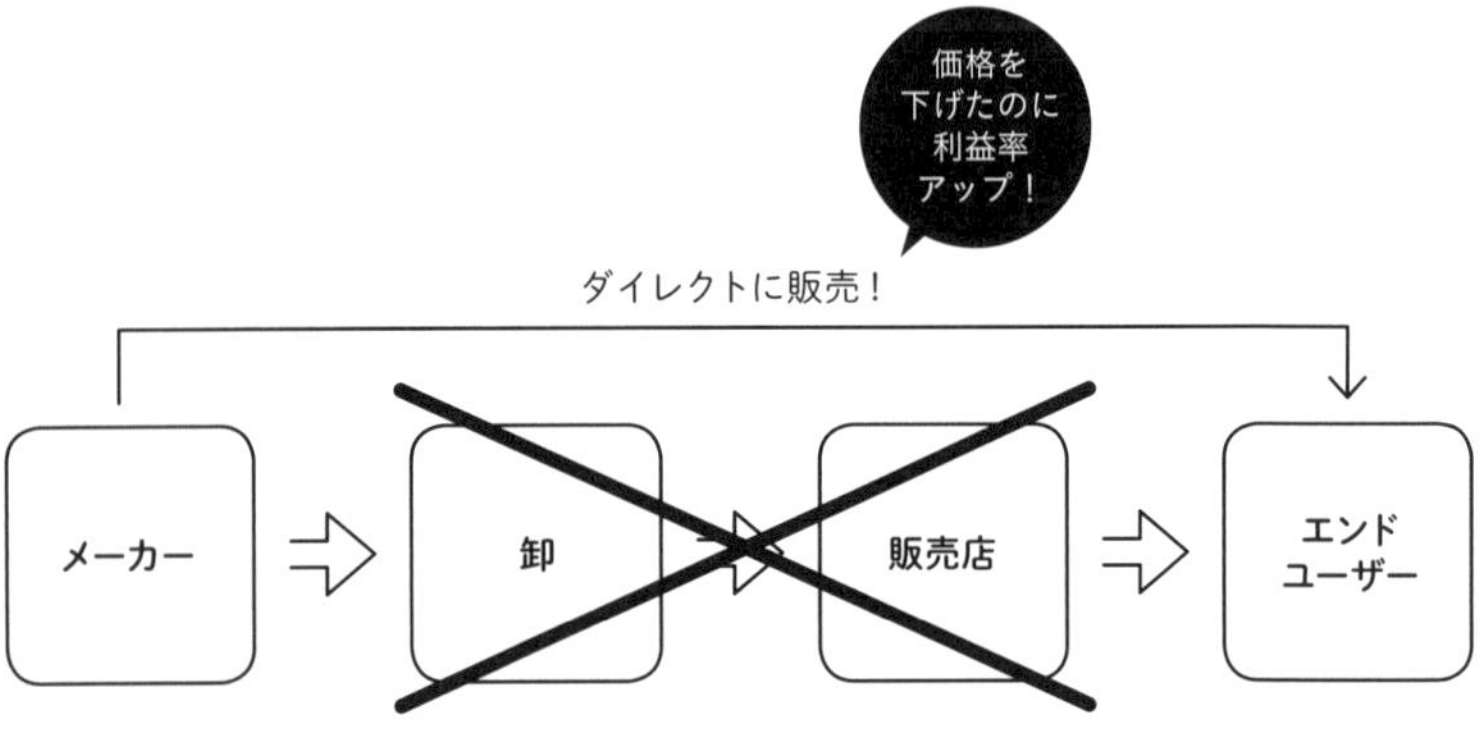

業などは、彼らの強みであった営業力がかえって足かせになってしまい、参入が遅れてしまうリスクが大きいといえます。この場合は、たとえば子会社化や合弁会社を設立することで社内の調整にかかる時間や社内からの反発を減らす工夫も検討すべきでしょう。

〈ステップ5のまとめ〉

❶バンドル化とアンバンドル化　❷アウトソース　❸オープン化　❹ソーシャル・プラットフォーム化　❺シェア化　❻スピード化、リーン化　❼オートメーション化　❽アライアンス　❾ブロック化で参入障壁化　❿販売チャネルのシフト　⓫ダイレクト販売

ポイント

バリューチェーンのシフトのためステップ5を11の方法で検討してみましょう。

Q あなたは、地元客を主なターゲットとした街の小さなパン屋さんだったとします。その場合、「バリューチェーンのシフト」をいかにして行いますか。考えてみてください。

A たとえば次のようなことが考えられます。

- 生地を提供し、焼くところだけ家でやってもらう（アウトソース）
- インターネット販売に特化する（ダイレクト販売）

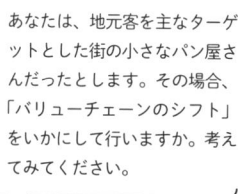

Question 05

バリューチェーンの一部を大勢で共有して利益を生み出すモデルが＿＿＿＿。

Question 06

バリューチェーンのムダをなくして、効率化、スピードアップを図るのが＿＿＿＿。

Question 07

バリューチェーンの一部を自動化することで、効率化、スピードアップを図る方法が＿＿＿＿＿＿＿＿。

Question 08

他社と提携してバリューチェーンの一部を担ってもらったり、協力して行ったりすることで、自社の強みを強化する方法が＿＿＿＿＿。

Question 09

バリューチェーンの一部を自社で独占することで、他社の＿＿を阻み、自社の優位性を生み出す方法が＿＿＿＿＿。

Question 10

販売チャネルのシフトとは、バリューチェーンのうち、販売に関する過程を＿＿に担ってもらう方法。

Question 11

成果報酬を個人とシェアするという意味で販売チャネルのシフトと呼べるのが、＿＿＿＿＿＿＿、＿＿＿＿＿＿、＿＿＿＿＿＿＿＿＿など。

Question 12

メーカーなどが、バリューチェーンから販売店などを中抜きして、直接エンドユーザーに商品を販売するのが＿＿＿＿＿＿。

Examination

Part 3-5

「ビジネスモデル構築7ステップ」テスト⑤

他社と差別化できるポイントを考える

第3章ではビジネスモデルを構築するための7つのステップを解説しています。ステップ5は「バリューチェーンのシフト」。バリューチェーンとは価値連鎖、会社の事業活動全体のことです。それでは、「おさらい」してみましょう。

＊設問の答えは180ページに掲載しています

Question 01

複数の企業が分担して行っていたバリューチェーンを束ねていくことを＿＿＿＿＿という。

Question 02

バリューチェーンの一部を、外の企業や個人に委託することを＿＿＿＿＿＿という。

Question 03

自社の製品・サービスに付加価値を増す補完財を増やすために、それらを製造するための仕様などの情報を公開して、他社にバリューチェーンの一部を担ってもらう方法を＿＿＿＿＿という。

Question 04

＿＿＿＿＿＿＿＿＿＿＿＿＿＿とは、バリューチェーンの一部をソーシャル上でアウトソース化する方法。

STEP 6

経営資源を差別化する

Differentiation on Management Resources

ヒト・モノ・カネ・情報で競争優位を築く

ステップ6は、「経営資源を差別化する」。ヒト・モノ・カネ・情報といった経営資源にイノベーションを起こすことで、他社と差別化できるビジネスモデルをつくり上げます。順に見ていきましょう。

❶ヒトで差別化

Human Resources

ヒトで差別化するというと「優れた人材を集める」または「育てる」ことが考えられます。

既出の**マッキンゼー**が創業時にハーバード・ビジネス・スクール卒業見込み者の中でも特に優秀な人材に破格の条件を出して採用することで、ブランド構築に成功した例や、かつて日本の産業金融の雄といわれた**日本興業銀行**が東京大学卒

ビジネスモデルの3つの箱

製造過程
（バリューチェーン）
Value Chain
顧客価値
Value Proposition
顧客
Client or Customer

業見込み者の中でも特に優秀な学生を採用した例などがあります。また**ベネッセ**は優秀な主婦を中心とした赤ペン先生を多数養成することで解答への添削力で優位性を構築しました。**企業内大学**を設立している例も大手企業を中心に数多くあります。アメリカの**GE**が１９５３年にリーダーシップセンターを設立したのが始まりだといわれていますが、従来の日本企業の強さのひとつも採用後に人材を教育することでした。最近も**ソフトバンク**や**ユニクロ**などが開始しています。

逆転の発想として**属人性の排除**、すなわち、個々人の能力に左右されないビジネスの仕組みを導入する方法があります。**ブックオフ**はその成功例といえるでしょう。従来古書店は、個人の目利きのノウハウが商売の鍵を握っていました。そのノウハウは「目利き10年」というように、一朝一夕では身につけられないものでした。

それを「バイト即日」に変えたのが、ブックオフです。本の買い取り基準を、希少性ではなく、「きれいかどうか」に変え、きれいだったら１００円、汚かったら10円というように単純化しました。これなら、目利き力はいらず、誰にでも

属人的な業務をいかに誰でもできる業務にできるか、つまりシステム化は中小企業が全国展開できるかどうかの重要なポイントです。

できます。これにより、古書店では従来不可能であった多店舗展開ができたわけです。「基準を変える」ことで属人性を排除する方法は、よりユニークな差別化を実現できます。

また、**公文式**も、数学の教師だった創業者が学校のカリキュラムとは独立した自習用の教材を開発し、誰が教えても同じように教えられる仕組みを構築したことで海外を含めて急速に伸びていきました。

属人性の排除は、マニュアル化をするのもひとつの方法ですが、弊害もあります。マニュアルに頼るあまり、スタッフが自分のアタマで考えて臨機応変に対応できなくなるというリスクです。ハンバーガーチェーンで、ポテトはいらないと言っているのに、最後にもう1回「ポテトはいかがですか？」と聞かれた経験は、誰でもあるのではないでしょうか。

今後は、ITの進化やロボットの普及などによって属人性を排除する企業が、サービス業などでも現れるかもしれません。

賃貸マンションの鍵を非接触ICカード化してスマホアプリ連動で開閉できるようにしたのはそのひとつ。これにより従来は不動産屋業者が鍵を預かっていたために内見者は一度

ブックオフの例

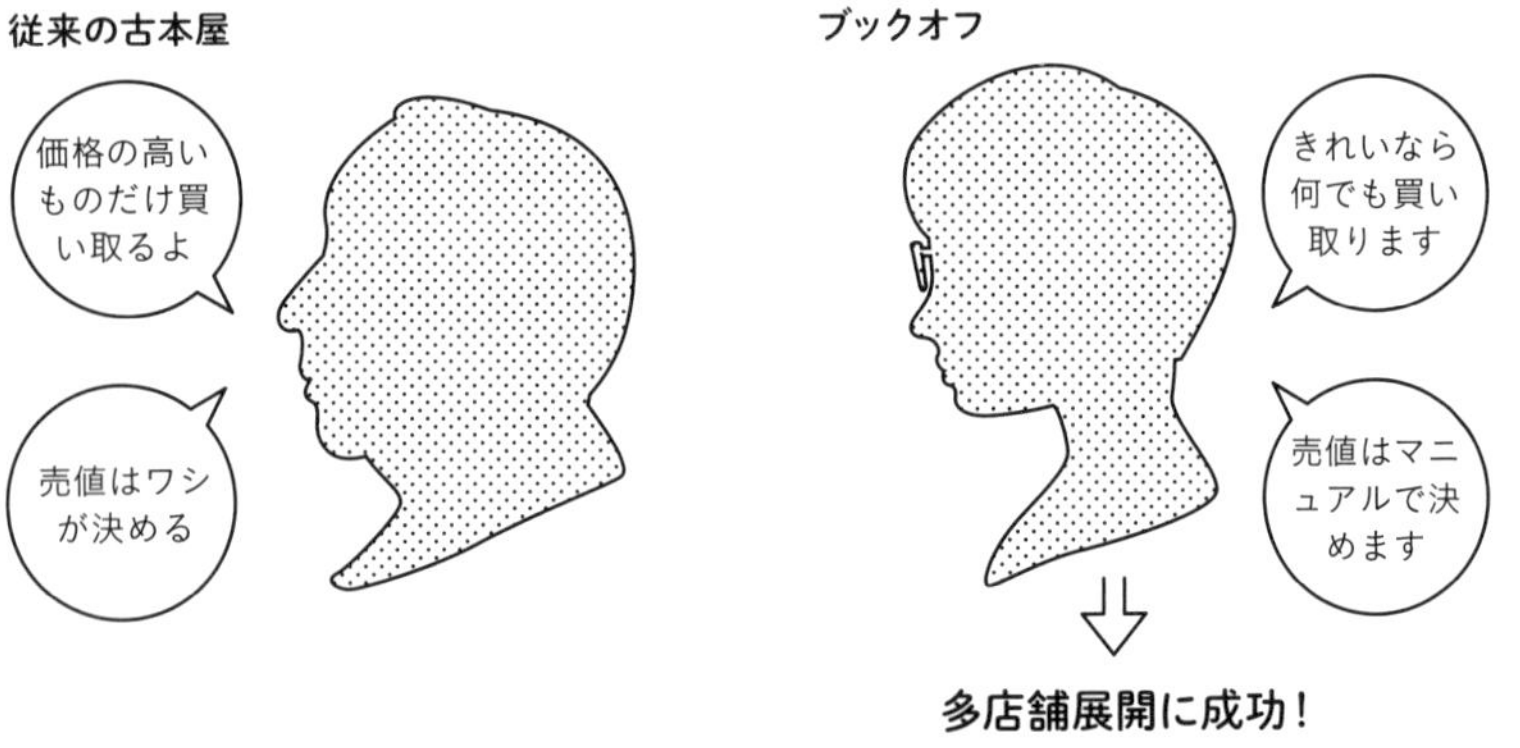
従来の古本屋
価格の高いものだけ買い取るよ
売値はワシが決める
ブックオフ
きれいなら何でも買い取ります
売値はマニュアルで決めます
多店舗展開に成功！

不動産屋業者に行かなければならなかったのが現地ですぐに内見できるようになりました。その後不動産屋業者は遠隔で鍵をすぐに変更できるのでセキュリティーも向上しました。

　その他、人事・労務面でヒトの差別化が図れる取り組みをざっと挙げておきましょう。

・福利厚生を充実させる（保養所など）
・社員食堂を無料化する（グーグルや楽天が有名）
・託児所を併設して子育て中の主婦が働きやすくする
・バリアフリーにして障害者が働きやすくする
・組織をフラット化して若手を抜擢《ばってき》する
・給与水準を業績連動にする
・勤務時間や形態の自由度を高める
・表彰制度や報奨制度を設ける
・ナレッジマネジメントをする（日誌の共有など）
・社員親睦会や社員旅行などを行う
・年功序列を廃止したり退職者を再雇用したりする
・オフィスを環境のよいところや便利なところに移転する

ヒトの差別化を図るさまざまな取り組み

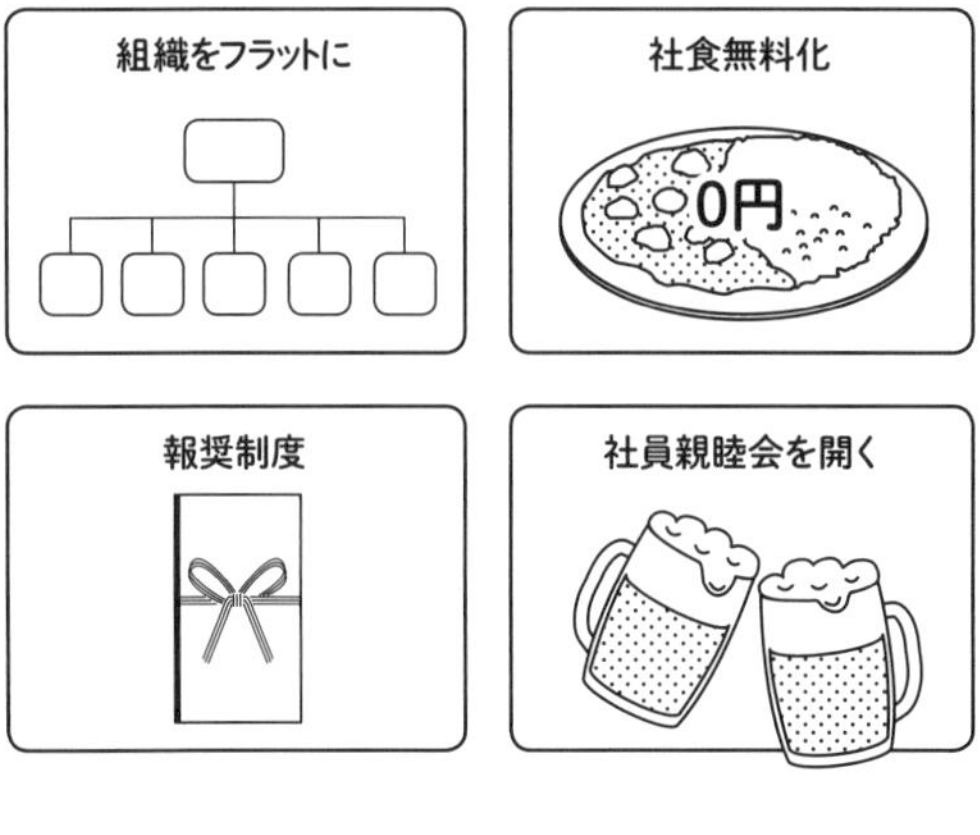
組織をフラットに
社食無料化
0円
報奨制度
社員親睦会を開く

最近では、社員同士のコミュニケーションを円滑にするために、社内に**バーカウンター**や**居酒屋スペース**をつくる企業が、ＩＴ企業を中心に増えているようです。しかし、ある企業は、オフィスが豪華で、一時、就活生から高い人気を誇りましたが、のちに倒産してしまいました。単に豪華な施設をつくればよいわけではなく社員のモチベーションが上がるようにすることが大切です。

❷モノで差別化
Differentiation on Goods

最も重要な差別化のポイントはモノやサービスなどでの差別化であることは言うまでもありません。しかしすぐに模倣されてしまうリスクも大きいといえます。重要なことはそうしたユニークなモノやサービスが常に新しく生まれてくる仕組みを構築することでしょう。

R&D（リサーチ&デベロップメント、研究開発）の予算を増やす、特許戦略を強化する、技術者が自由に動ける環境をつくる、大学などの研究機関と連携するなどが考えられます。

グーグルの働き方

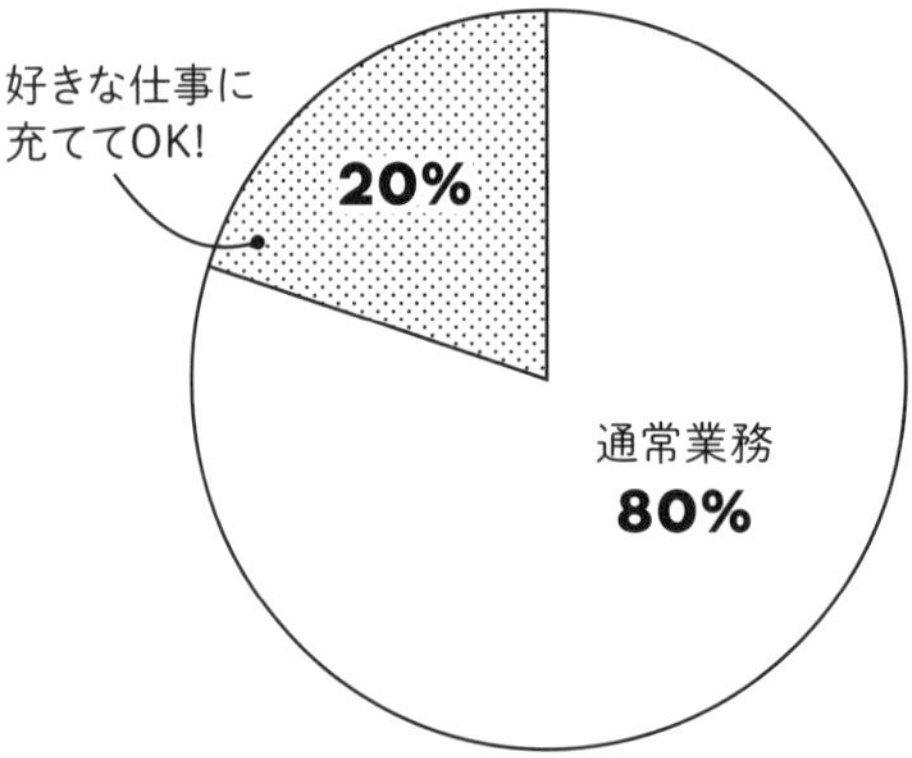
好きな仕事に
充ててOK!
20%
通常業務
80%

ヒトは事業成功のための何よりの鍵といえます。大切なことはその会社に合った人材を採用することです。

たとえば、**グーグル**は、社員に対して、業務時間の20％は自分の好きなことに充ててよいというルールを定めていることは有名ですね。ゴアテックスで知られる**ゴア**にも、同様のルールがあります。

また、希少な素材を使ったり、著名人などの権威を使ったりすることでブランド化し、製品自体の価値を高める方法もあります。どちらかというとマーケティング戦略です。

効率が上がるモノを使用することも一案です。たとえば、**スーパーホテル**は、自動チェックイン機を導入することで、人件費を削減。また、脚がないベッドにすることで、掃除をしやすくし、これまた人件費を抑えています。

❸カネで差別化

Differentiation on Money

おカネの集め方を工夫することで、より多くの資金を調達したり、リスクを下げたりすることはできます。

たとえば、既出の不特定多数の人からお金を集める**クラウドファンディング**を活用すれば、製品を製造する前にある程

SPCとは何か

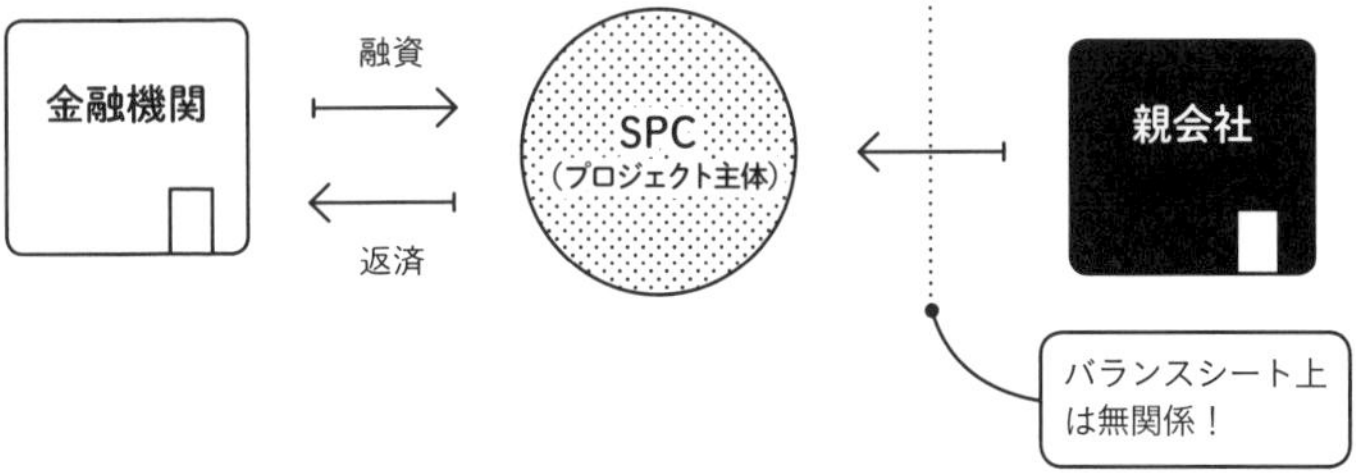

度の販売先が確保できます。お金を出した人が、買ってくれるからです。

また、わたしが長年担当していた**プロジェクトファイナンス**。会社ではなく、プロジェクトに対してお金を融資する方式です。借りたお金はプロジェクトのキャッシュフローだけで返済していきます。大きな特徴は、本体ではなく、「ＳＰＣ（Special Purpose Company）」という特別目的会社をつくってお金を借りるので、いくら借りても本体企業の**バランスシート**を毀損しないこと。負債に計上されない（オフバランス）ので、負債比率が上がらずに済むのです。民間の資金や技術を使って、上下水道や刑務所の運営などの公共事業を行う「ＰＦＩ（Private Finance Initiative）事業」も同様の仕組みです。

また、映画制作などでよく使われている「**製作委員会方式**」も、差別化につながる資金調達法のひとつ。複数の企業が委員会をつくって資金を拠出して映画などをつくります。映画はあたらないものが多いので、リスクを分散していこうというわけです。ファイナンス用語でいう「ポートフォリオ（分散投資）」の考え方といえます。

Keyword

バランスシート

財務諸表のひとつで、貸借対照表のこと。Ｂ／Ｓともいわれる。ある一定の時点での、企業の「資産」「負債」「資本」の状況がわかる。表の左側が資産、表の右側が負債・資本・利益を表していて、表の左右は同じ額になる。

Q

あなたは、地元客を主なターゲットとした街の小さなパン屋さんだったとします。その場合、「経営資源の差別化」をいかにして行いますか。考えてみてください。

❹ 情報で差別化

Differentiation on Information

近年ナレッジマネジメントや企業の持つさまざまな資源を統合的に管理・配分し、業務の効率化を図るＥＲＰ（Enterprise Resource Planning、統合業務パッケージ）などでＩＴ武装化する企業が増えています。また**セブン‐イレブン**の強さは本部からフランチャイジーに毎日提供される売れ筋情報による店舗商品情報だといわれています。これによりたとえ店舗運営ノウハウをオーナーが学んだとしても独立しようとしなくなるのです。みなさんも、自社のビジネスのヒト・モノ・カネ・情報をチェックして、何か変えられるものがないか考えてみてください。

ポイント

ステップ6は経営資源の差別化という4つの方法で検討しましょう。

A 経営資源の差別化は、たとえば次のようなことが考えられます。

・パンにつくり手の写真を載せて、つくり手をブランド化する
・誰でもパン生地をこねられるような器具をつくる
・パンが冷めにくいディスプレイを導入する

STEP 7

実現可能性を見極め、絞り込む

Viable Business Models

成功企業のビジネスモデルを参考にする

ステップ1からステップ6までご説明してきましたが、いかがでしたでしょうか。ステップごとにどんどんいろいろな種類のビジネスモデルが生まれてくることに驚かれたのではないかと思います。

可能であればこのステップ1から6までを数人のワークショップで何度も繰り返すことで誰しも100通り以上のビジネスモデルを生み出すことができます。これは実際にわたしが過去数年間実践してきた実績として断言できます。

実際の事例を学ぶことでステップ1から6まででつくられた新しいビジネスモデルのイメージがより鮮明になるはずです。その上で次のような視点から実現可能性のあるビジネスモデルに絞り込みを行っていきましょう。

具体的には次の問いを投げかけてみましょう。

ビジネスモデル構築7ステップ

STEP 1	現状を認識する Grasp the Present Situation
STEP 2	顧客をシフトする（誰に？）Shift Your Customer (ex. B→B⇒B→C)
STEP 3	顧客価値をシフトする（何を？）Shift Your Value Proposition
STEP 4	価格・顧客の経済性をシフトする（いくらで？）Shift Your Total Cost for Clients
STEP 5	バリューチェーンをシフトする（どうやって？）Shift Your Value Chain
STEP 6	経営資源を差別化する（何を使って？）Differentiation on Management Resources
STEP 7	実現可能性を見極め、絞り込む Viable Business Models

・自分が経営者として情熱を傾けることができる内容か？
・実現するために必要な人材や仲間がいるか？
・実現可能性はあるのか？　自社にリソースがなければ他社と組んで実現できるか？
・収益性はあるか？　実際に市場の大きさはどのくらいか？
・どのくらいのコストがかかるのか？

以上の質問を考慮した上で1〜3つに絞り込んでください。

もちろん、最初は粗削りの状態でしょうが、これを磨き上げていけば、あなたの会社を変えるビジネスモデルに成長するでしょう。そしてここで描いたビジネスモデルを実際に行動に移すには、ビジネスプランを作成することが大切です。その作成方法については、次章以降でご説明しましょう。

ポイント

成功するビジネスモデルは複数のステップでイノベーションを起こすものです。

実行可能性のあるビジネスモデルに絞り込んでいきましょう！

Question 05

たとえばグーグルは、社員に対して、業務時間の__%は自分の好きなことに充ててよいというルールを定めている。

Question 06

不特定多数の人からインターネットを通じてお金を集める方法を____________________という。

Question 07

会社ではなく、プロジェクトに対してお金を融資する方式が______________________。

Question 08

ファイナンス用語のポートフォリオとは、_______を指す。

Question 09

複数の企業が委員会をつくって資金を拠出して映画などをつくる方式が_________方式。

Question 10

ＳＰＣとはSpecial Purpose Company。日本語で___________のこと。

Question 11

業務の効率化を図る___とは、統合業務パッケージのこと。

Question 12

ステップ1から6までを数人のワークショップで何度も繰り返すことで、誰でもが______以上の_____________を生み出すことができる。

Examination

Part 3-6,7

「ビジネスモデル構築７ステップ」テスト⑥⑦

経営資源の差別化を考え 絞り込んでいこう！

第3章ではビジネスモデルを構築するための７つのステップを解説しています。ステップ6は「経営資源の差別化」。最後のステップ7は「実現可能性を見極め、絞り込む」です。それでは、「おさらい」してみましょう。

＊設問の答えは181ページに掲載しています

Question 01

経営資源の差別化とは、ヒト・モノ・カネ・情報といった経営資源に＿＿＿＿＿＿＿を起こすことで、他社と差別化できるビジネスモデルをつくり上げること。

Question 02

「優れた人材を集める」または「育てる」ことが、＿＿＿の差別化。

Question 03

個々人の能力に左右されないビジネスの仕組みを導入する方法が＿＿＿＿の排除。

Question 04

Ｒ＆Ｄの予算を増やす、特許戦略を強化する、技術者が自由に動ける環境をつくる、大学などの研究機関と連携するなど、＿＿＿の差別化が一番重要。

Answer
Part 3-1

Question 01	□	ビジネスモデルとは、ビル・ゲイツやスティーブ・ジョブズのような一部の**天才**がつくるだけでなく、誰でも生み出せるもの。
Question 02	□	革新的なビジネスモデルのほとんどは、すでに存在していたビジネスモデルの**組み合わせ**。
Question 03	□	ビジネスモデル構築において重要なアナロジーとは、日本語に訳すと**類推**。
Question 04	□	2000以上の企業事例を研究した『ビジネスモデル・イノベーション』によると、イノベーションの構成要素は**10**に分けられる。
Question 05	□	ビジネスモデルを考えるときには、「自分の業界でイノベーションが**進んでいない**要素は何か」という視点が求められる。
Question 06	□	ビジネスモデルは、**「顧客」**、**「顧客価値」**、**「製造過程（バリューチェーン）」**の3つで表すことができる。
Question 07	□	ビジネスモデルを創造する7ステップのスタートは**現状認識**である。
Question 08	□	新規の事業の場合にはターゲットとする**事業ドメイン（事業領域）**における企業などを選定して分析を行う。
Question 09	□	ビジネスモデルの現状認識は、次の5つのフレームワークに現状を書き入れていく。すなわち**顧客**、**顧客価値**、**経営資源**、**差別化**、**収益**。
Question 10	□	一般的に**キャッシュフロー**とは実際の現金の動きを指す。
Question 11	□	『ビジネスモデル・ジェネレーション』の著者が考案したビジネスモデルを**可視化**できるツールがビジネスモデルキャンバス。
Question 12	□	ビジネスモデルキャンバスでは、次の**9**つの要素に分解する。

Answer Part 3-2

Question 01	□	「顧客のシフト」とは、今の顧客とは異なる**層**の顧客をターゲットにすること。
Question 02	□	顧客を法人向け、個人向けにシフトするとは、たとえば法人をターゲットにしていた（**ＢｔｏＢ**）ところを、個人（**ＢｔｏＣ**）に転換するなど。
Question 03	□	たとえばグリコの**オフィスグリコ**は、自社のお菓子の入った箱を、契約したオフィスに置くモデル。
Question 04	□	顧客を関係先にシフトするとは、顧客のまわりにいる**関係先**にスポットをあて、「顧客」にシフトする方法。
Question 05	□	たとえば幼稚園の顧客は、園児だけではなく、**両親**・**祖父母**を考えていく。
Question 06	□	顧客の地域を集中するとは、さまざまな地域の顧客を相手にするのではなく、**特定の地域**の顧客に集中するという考え方。
Question 07	□	地域集中のメリットは、**物流**効率、**知名度**アップ、他社の**参入障壁**になる、などがある。
Question 08	□	顧客を特定層に集中するとは、特定の**セグメント**の顧客だけに集中することで、他社と**差別化**できるビジネスモデルをつくり出す方法。
Question 09	□	たとえばサウスウエスト航空は**需要**の大きな路線だけに集中。その路線のチケットを低価格で売ることで、**コスト優位**を生み出し、顧客をつかんでいる。
Question 10	□	漫画全巻ドットコムのように**ニッチ**なセグメントに絞り込む方法もある。
Question 11	□	グローバル化とは、国内から、**海外**の顧客にシフトしていくこと。
Question 12	□	海外でモノを売ることを考えるときは、世界の人口約70億人中約**40**億人が貧困層であるため、BOP（**ベース・オブ・ピラミッド**）を考える必要がある。

Answer
Part 3-3

Question 01	□	顧客へはモノを提供するのではなく、**サービス**の提供に変えたりする方法にシフトしたりする。
Question 02	□	**競合他社**が何をしているかを調べ、その逆を考えてみると、新たなビジネスモデルのヒントが得られる。
Question 03	□	同一の顧客に提供する価値を複数化するとは、自社のものだけでなく、**他社**のものも一緒に提供することなど。自社の場を開放する**オープン化**、2つ以上の商品を掛け合わせる**パッケージ化**などがある。
Question 04	□	**時間短縮化**・**省手間化**とは、時間や手間がかからなくすることで、顧客価値を生み出す方法。
Question 05	□	階層化とは、自社の製品・サービスに、ファーストクラスなどの上級コースや格安商品など他の**ランクの商品**をつくること。
Question 06	□	専門化・特定市場ナンバーワン化・限定化とは、製品カテゴリーを絞って**専門化**することで、その分野でナンバーワンになるというビジネスモデル。
Question 07	□	あるブームが起きている際にそのブームで競争するのではなく、ブームに参加する人や会社を顧客化する方法が**漁夫の利化**。
Question 08	□	カスタム化とは、製品を顧客の要望どおりにつくり上げるいわゆる**オーダーメイド**化。
Question 09	□	中古市場とは、既存のビジネスで新品を売っているなら、**中古**も売ってみようという考え方。
Question 10	□	拡張化とは広い**カテゴリー**で自社のビジネスをとらえることで、顧客に提供する価値を広げていく考え方。
Question 11	□	「集客するための製品やサービス」が**フロントエンド**、「利益を得るための製品やサービス」が**バックエンド**。
Question 12	□	時間によって別の業態の店に変え、複数の価値を提供するのが**多毛作化**。

Answer
Part 3-4

Question 01	□	顧客が支払う製品やサービスの値段だけでなく、関連して生じるさまざまな費用を含めた全体のコストを**トータルコスト**という。
Question 02	□	実績連動化、または成功報酬型は、**利用実績**に応じて料金を決めることで、価格を**安く**する方法。
Question 03	□	価格の個別化・カスタマイズ化とは、個々の顧客の**特性**に合わせて、**価格**を変える方法。
Question 04	□	無料化、低価格化には、無料での利用者の一部が有料サービスに加入することで稼ぐ**フリーミアム**、情報は無料だが広告で稼ぐ**広告モデル**などがある。
Question 05	□	需要などに応じて価格を変動させる方法として、**オークション化**、**リバース・オークション化**がある。
Question 06	□	ライセンス化とは、**キャラクター**グッズや**ブランド**などの自社の権利を他社が製造販売に利用できるようにすること。
Question 07	□	スポーツジム、スマホのアプリ、塾などで利用されているのが。毎月料金を支払ってもらう**会員制月額課金**モデル。
Question 08	□	コピー機やパソコン、車などを**販売**するのではなく、**リース**を行うことで使用料を得る方法が金融化。
Question 09	□	**カミソリの刃**モデルとは、柄を安く売って、広く普及させ、交換用の刃でもうける方法。類似のビジネスモデルには、インクの**プリンター**、水の**ウォーターサーバー**などがある。
Question 10	□	仲介型とは、売りたい人と買いたい人の間をとりもって、**仲介手数料**で稼ぐビジネスモデル。
Question 11	□	ブランド品のようにステータスを上げるものは価格を**高く**することで価値を高められる。
Question 12	□	ひとつの商品を分割して、少しずつ売るのが、**デアゴスティーニ**モデル。

Answer

Part 3-5

Question 01	□	複数の企業が分担して行っていたバリューチェーンを束ねていくことを**バンドル化**という。
Question 02	□	バリューチェーンの一部を、外の企業や個人に委託することを**アウトソース**という。
Question 03	□	自社の製品・サービスに付加価値を増す補完財を増やすために、それらを製造するための仕様などの情報を公開して、他社にバリューチェーンの一部を担ってもらう方法を**オープン化**という。
Question 04	□	**ソーシャル・プラットフォーム化**とは、バリューチェーンの一部をソーシャル上でアウトソース化する方法。
Question 05	□	バリューチェーンの一部を大勢で共有して利益を生み出すモデルが**シェア化**。
Question 06	□	バリューチェーンのムダをなくして、効率化、スピードアップを図るのが**リーン化**。
Question 07	□	バリューチェーンの一部を自動化することで、効率化、スピードアップを図る方法が**オートメーション化**。
Question 08	□	他社と提携してバリューチェーンの一部を担ってもらったり、協力して行ったりすることで、自社の強みを強化する方法が**アライアンス**。
Question 09	□	バリューチェーンの一部を自社で独占することで、他社の**参入**を阻み、自社の優位性を生み出す方法が**ブロック化**。
Question 10	□	販売チャネルのシフトとは、バリューチェーンのうち、販売に関する過程を**他社**に担ってもらう方法。
Question 11	□	成果報酬を個人とシェアするという意味で販売チャネルのシフトと呼べるのが、**アフィリエイト**、**アソシエイト**、**ドロップシッピング**など。
Question 12	□	メーカーなどが、バリューチェーンから販売店などを中抜きして、直接エンドユーザーに商品を販売するのが**ダイレクト販売**。

Answer
Part 3-6,7

Question 01 ☐ 経営資源の差別化とは、ヒト・モノ・カネ・情報といった経営資源に**イノベーション**を起こすことで、他社と差別化できるビジネスモデルをつくり上げること。

Question 02 ☐ 「優れた人材を集める」または「育てる」ことが、**ヒト**の差別化。

Question 03 ☐ 個々人の能力に左右されないビジネスの仕組みを導入する方法が**属人性**の排除。

Question 04 ☐ Ｒ＆Ｄの予算を増やす、特許戦略を強化する、技術者が自由に動ける環境をつくる、大学などの研究機関と連携するなど、**モノ**の差別化が一番重要。

Question 05 ☐ たとえばグーグルは、社員に対して、業務時間の**20**％は自分の好きなことに充ててよいというルールを定めている。

Question 06 ☐ 不特定多数の人からインターネットを通じてお金を集める方法を**クラウドファンディング**という。

Question 07 ☐ 会社ではなく、プロジェクトに対してお金を融資する方式が**プロジェクトファイナンス**。

Question 08 ☐ ファイナンス用語のポートフォリオとは、**分散投資**を指す。

Question 09 ☐ 複数の企業が委員会をつくって資金を拠出して映画などをつくる方式が**製作委員会**方式。

Question 10 ☐ ＳＰＣとはSpecial Purpose Company。日本語で**特別目的会社**のこと。

Question 11 ☐ 業務の効率化を図る**ERP**とは、統合業務パッケージのこと。

Question 12 ☐ ステップ１から６までを数人のワークショップで何度も繰り返すことで、誰でもが**100通り**以上の**ビジネスモデル**を生み出すことができる。

第4章

事業計画策定

Part 4

Business Planning

これまでビジネスモデルの構築方法を述べてきましたが、次はいよいよ事業計画です。ビジネスモデルが固まったら、実際に計画を作成していきましょう。

ビジネスプランと事業計画

Business Planning

ビジネスプランとは将来の絵姿を描くこと

アマゾンの創業者**ジェフ・ベゾス**は喫茶店のナプキンの上にビジネスモデルを書いたといわれています。成功するビジネスとはそれくらいシンプルなものです。そのため、ビジネスプランは不要だとする意見も多く聞かれます。多くの場合に計画どおりにいかないからでしょう。しかしわたしは以下の理由からビジネスプランはぜひ作成するべきだと考えます。

①自分たちの事業の絵姿を描くことで起業家自身が問題点を明らかにすることができるとともに、社内のメンバー間での経営理念の浸透や意見の違いが明らかになるため

②事業の進捗《しんちょく》とともにビジネスモデルを変化させていく必要がある際に前提条件の妥当性を検証することができるため

③銀行や投資家への説明や人材確保の際に有効なため

Key person

ジェフ・ベゾス

Jeff Bezos

1964年生まれ。アマゾンの創業者でありCEO。2014年で320億ドルの資産を有するともいわれている。

ビジネスプランの具体的な内容は読み手により異なります。

たとえば銀行にとって最も関心があるのは、貸し出した資金が期限どおりに回収できるかどうかです。つまり最悪のケースでも資金繰りできるという事業存続の可能性や担保価値を重視します。一方でベンチャーキャピタルなどへの投資家は、将来的に上場する可能性があるかどうか、投資資金の何倍くらいでいつ頃までに回収できるのか、つまりリスクはあっても大きなリターンを得られるかどうかを重視しています。

たとえ事業存続はできても大きな成長が望めない場合にはベンチャーではなく中小企業と呼ぶべきでしょう。またベンチャーに参画したい従業員は、創業者の経営理念や社会的な意義、上場の可能性やストックオプション（新株予約権）などの報酬条件や勤務条件などに関心を持つでしょう。

ポイント

ビジネスプランはそれを誰が読むかを考えて作成することが大切です。

ビジネスプランの内容は誰に何を伝える目的かによって異なります。実は起業家自身が自分の事業について理解を深められるというメリットがあります。

ビジネスプランの策定手順

Formulation of Business Plan

思いつきでは定まらない

ビジネスプランの策定は以下の手順で行いましょう。

①経営理念と事業ドメインの設定

まず、なぜその事業を自分が行いたいのか、という経営理念の作成です。経営理念にはビジョンとミッションがあります。成功している事業の多くはこれらの経営理念が明確です。社会の問題を解決したい、世の中に新しい価値を提供したいという起業家の熱い思いこそがまわりの人の共感を生み、荒波を一緒に乗り越える同志をつなぐものとなるのです。また事業ドメイン（領域）を設定することで、目先の利益を追い求めて本来の事業から離れた事業に安易に参入することへの抑止になるでしょう。

②多くのビジネスモデルを自由な発想で検討する

経営理念や事業ドメインが設定された上で、なるべく多く

ビジネスプランの検討項目

①	将来の市場規模は十分大きいかどうか
②	実際にそれらの製品やサービスを求めるマーケットはあるか
③	自社にそれらを実現するための人材や資源はあるか
④	ない場合にはそれらを調達できるのか
⑤	自社の経営理念やドメインに合致しているのか
⑥	他社がすぐまねして参入してきた際に対抗できる差別化はできるのか

成功する事業は経営理念が明確であることです。

のビジネスモデルを検討し書き出します。おそらく100種類以上のビジネスモデルが生まれたはずです。その際には、過去の失敗の経験や他社の成功・失敗事例にとらわれずに発想を柔軟にしてゼロベースで検討することが大切です。

③多くのビジネスモデル案から絞り込む

「将来の**市場規模**は十分大きいか」「実際にそれらの製品やサービスを求める**マーケット**はあるか」「自社にそれらを実現するための**人材**や**資源**はあるか」「ない場合にはそれらを調達できるのか」「自社の**経営理念**や**ドメイン**に合致しているのか」「他社がすぐまねして参入してきた際に対抗できる**差別化**はできるのか」などの項目を検討しましょう。1〜3個のビジネスモデルに絞り込み、実際の市場ニーズを検証することが成功の確率を高めます。

ポイント

思いつきではなく、経営理念、事業ドメイン、ビジネスモデル構築、絞り込みのステップで考えることが大切です。

新しいビジネスモデルは仲間と一緒にワークショップ形式で行うことをお勧めします。ゼロベース思考で発想豊かに発散する方向で数多く出すのが効果的です。

ビジネスプランに記載する内容

Contents of Business Plan

文章版とプレゼン用資料は別に作成する

まずは、誰もが読んだだけで詳細な内容が理解できるような資料（通常A４判で20～30ページ程度）を作成します。具体的には、次のような11の項目について④の会社概要から順番に文章で書いてみましょう。その後にエッセンスをまとめた③のビジネスプラン要旨（エグゼクティブサマリー）を書きます。最後に①表紙と②目次を作成して完成です。文章版ができたらその後にパワーポイントなどでプレゼン用の資料を作成します。

通常は何度も書き直しながらさまざまな人のアドバイスを受けて誰が読んでもわかるようなわかりやすい内容に仕上げていきます。文章版が必要なのは、投資家や会社の役員は非常に多忙である場合が多く、プレゼンをできる時間がわずかであったりプレゼンがまったくできなかったりすることも

ビジネスプラン記載事項

①	表紙
②	目次
③	ビジネスプラン要旨（エグゼクティブサマリー）
④	会社概要
⑤	経営陣（マネジメントチーム）の略歴と担当業務
⑥	経営理念
⑦	製品・サービスの概要とビジネスモデル
⑧	市場規模・成長性
⑨	経営戦略・機能別戦略
⑩	財務計画
⑪	事業リスクとコンティンジェンシープラン

最も大切なビジネスプランの要旨は最後にまとめとして書きましょう。

多々あるためです。あとでじっくりと読んでもらう資料が必要というわけです。

〈ビジネスプラン記載事項〉

①表紙
②目次
③ビジネスプラン要旨（エグゼクティブサマリー）
④会社概要
⑤経営陣（マネジメントチーム）の経歴と担当業務
⑥経営理念
⑦製品・サービスの概要とビジネスモデル
⑧市場規模・成長性
⑨経営戦略・機能別戦略
⑩財務計画
⑪事業リスクとコンティンジェンシープラン

11項目について具体的にはどのような内容を記載すればよいかを次ページからまとめたので参考にしてみてください。

プロトタイプやベータ版などをなるべく創業資金で作成して具体的な顧客の反応などを得ることで格段に説得力が増します。

①表紙

タイトルに事業名、サブタイトルとして事業の簡単な特徴を書きます。社名、所在地、連絡先担当者氏名・電話番号・メールアドレスなども記載します。

②目次

一覧性のある目次にします。

③ビジネスプラン要旨（エグゼクティブサマリー）

最も重要な項目です。この項目の内容次第で次項以降は読まない投資家もいるほどですから全体を書き終えたあとに最後に要旨をA４用紙2～3ページにまとめるとよいでしょう。左記のような内容を簡潔にまとめます。

(i)**事業内容**：会社概要、製品・サービスの特徴、他社との差別化などの基本戦略について記載します。

(ii)**経営陣の紹介**：投資家にとって最大の関心事項です。マネジメントチームの経歴などのバックグラウンドと各自が担当する業務内容について記載します。

投資家にとって最も重要なのは誰が行うか、なのです。

(Ⅲ)**市場・業界状況と今後の展開**：提供する製品・サービスの属する市場や業界の規模、今後の推移予想などを数字で示し、その中で自社はたとえば5年後にどのくらいのシェアを獲得する戦略なのかなどを記載します。これは後述する財務計画と整合性があるものにします。

(Ⅳ)**財務計画と資金需要**

投資家にとって重大な関心事項です。今後5年間程度の売上、利益、必要投資額、最大資金必要額など、後述の財務計画のエッセンスを記載します。

(Ⅴ)**事業リスクとコンティンジェンシープラン**

事業展開において想定される事業リスクを説明します。その上で万一そうした事態に陥った際にどのように対応するのかを簡潔に記載することで完成度が高い事業計画になります。

④**会社概要**

会社代表者名、住所、連絡先（電話番号、メールアドレス）ＵＲＬ、設立年月日、発行済株式数、授権資本、主要株主、従業員数、主要取引先などを記載します。

ビジネスプラン要旨には全体のまとめを書きます。

⑤経営陣（マネジメントチーム）の経歴と担当業務

投資家が最も重要視するのはどのようなマネジメントチームが運営するのかです。経営陣の経歴、実績や強みを記載します。

具体的にどのような実績を上げてきたのか、事業の業界にどの程度詳しいのか、経営を行うにふさわしいか、技術力や開発力はあるのかなどについて、投資家が資金を提供してもよいと納得できるような内容にすることが大切です。その上で担当業務を図にするとよいでしょう。

わたしの経験では経営全般（営業を含む）を担当する人と技術に詳しい人の2人体制以上で創業した技術系ベンチャーはその後も成長して成功しているケースが多いです。

起業や新規事業の際には「誰をバスに乗せるかを決めてから目的地を決めるべき」という比喩がよくいわれますが、そのくらい誰が事業を行うのかは重要なのです。もしその業界に詳しい人がいない場合には顧問や社外役員としてそうした人物を招聘《しょうへい》するのも有効でしょう。

投資家が知りたい経営陣のポイント

① どのような実績を上げてきたのか
② 事業の業界にどの程度詳しいのか
③ 経営を行うにふさわしいか
④ 技術力や開発力はあるのか

⑥経営理念

ここでは事業に対する熱い思いを伝えることが大切です。具体的には、なぜ起業をしようと思ったのか（起業動機）、なぜこの事業を起こしたいのかという事業に対する志《こころざし》を書きます。その上で将来描く絵姿（ビジョン）と社会に対する使命（ミッション）を書きます。ステークホルダーである株主、顧客、従業員、社会に何を提供するのかを明確化します。

⑦製品・サービスの概要とビジネスモデル

どのような製品やサービスを提供するのか、どのようなビジネスモデルでもうけるのか、経営戦略と事業が発展するにしたがってどのように事業を拡大するのかなどを画像や図を使ってわかりやすく説明しましょう。誰が顧客なのか、その顧客のどのようなニーズを満たすものなのか、自社の製品・サービスは競合と比較してどのような優位性があるのか、すなわち自社のコア・コンピタンスは何か、その優位性や差別化ポイントはどのくらい強固なものなのか、競合との差はどこなのかといった内容です。

優れた製品・サービスでもすぐに大手企業が模倣できると敗北する可能性は低くありません。たとえば技術開発力であればどのように優位性があるのか、特許などであれば具体的にどのような特許で本当に他社の参入が防げるのかなどについて事実に基づいて詳細に説明する必要があるでしょう。たとえばアンケートによる調査結果やプロトタイプへの評価などがあると説得力が増します。

ビジネスモデルについてはいかに多様な点でイノベーションを起こしているかについて記載すると冒頭で説明したように成功の確率が高くなると判断されるでしょう。いずれもわかりやすく図やデータを基に説明することが大切です。

⑧市場規模・成長性

現状の市場規模と成長率、5年後の市場規模予想など、市場がいかに魅力的かを書きます。その際に市場が拡大するための要因や要件なども記載しましょう。リスクファクター（危険因子）と連動するからです。その上で新規参入者・競合の登場や代替品についての予測とそれに対抗できる自社の

できるだけ早くプロトタイプをつくることが重要です。

強みを書きます。

⑨経営戦略・機能別戦略

自社の経営戦略、機能別戦略について記載し、自社の製品・サービスの競争優位性と持続性（サスティナビリティ）について書きます。具体的には自社はどのような経営戦略でいくのか（たとえば差別化戦略）、STP、4Pなどのマーケティング戦略、技術戦略、生産戦略、資材調達戦略などです。自社の製品・サービスのポジショニングマップ（競争優位性がわかるもの）や具体的にどのように顧客を獲得するのか、法人相手であれば具体的な案件まで含めて記載することで説得力が増します。

⑩財務計画

損益計算書、貸借対照表、キャッシュフロー計算書、資金繰表などの財務諸表と、要員計画書、設備投資計画書、資本政策を5年分作成します。すでに操業していたら過去3年分の実績も加えます。

Book

カール教授のビジネス集中講義
経営戦略
平野敦士カール
写真と年表で経営学の歴史・理論がまるわかり!

『カール教授のビジネス集中講義 経営戦略』平野敦士カール著

経営コンサルタント、ベストセラー作家、大学教授として活躍する著者が、今、最もチェックをしておくべき77個の「経営戦略」のエッセンシャルを解説。

財務計画で大切なことは将来の売上目標数値を先に決めてから逆算で2～4年の数字を作成することです。

特に創業1年目については月次での記載を要求されることもあります。できれば商品開発からローンチ（立ち上げ）、人員採用、資金調達のタイミングなどこれから事業の行う主な活動についてはタイムテーブルを記載するとよいでしょう。立ち上がりが最も難しいからです。いきなり資金がショートするケースが実は非常に多いのです。また1〜2年後に設備投資などを行う場合にはどのような条件で行う予定なのかも詳細に記載する必要があります。

ベンチャーキャピタルによっては事業計画が達成するステージごとに資金を拠出するという契約を結ぶ場合もあります。

財務計画の作成は、エクセルシートなどにしっかりと前提条件と連動するように財務計画を作成していきます。その前提条件の数値を変化させることで何が利益に大きなインパクトを与えるのかがわかります。投資家は実際に数字を変化させることでいかに数字が変化するかを精査します（感度分析）。このため実際にはそれらの前提条件を楽観・基本（ベース）・悲観の3ケースで作成した上で財務計画にも記載するのがよいでしょう。

エクセルシートを作成するときは前提条件が変われば会社は変わるようにすること！

資本政策も重要です。これは事業遂行するために必要な資金を調達するための施策・戦略のこと。特に、将来の株式上場を目指している場合は、最適な資本構成や株主構成などさまざまなことを考えた上で、新株の発行やストックオプションの付与などを行う必要があります。ベンチャーキャピタルによっては優先株などを一定の条件の下で議決権のある普通株式に転換できる権利を主張することや一定期間後には所定の株価（たとえば取得価額の2倍など）での買い戻し特約などを要求することもあります。上場後にもマネジメントだけで会社をコントロールできるだけの支配力を持つのか、どの程度まで第三者が関与することを許容するのかはマネジメントの判断要素になります。実際には株価の算定（後述する企業価値）において不当に安く算定されてしまうと新株発行（第三者割当増資）によって資金調達をする際に必要資金に満たないことなどもあります。資本政策は上場後も他社からの敵対的買収などのリスクとも関係するので慎重によく検討しておくことが必要です。

なお、財務計画用のエクセルシートなどについてはさまざ

エクセルシートはbizocean
などインターネット上に使え
るものが多数存在しますので
探してみてください。

まなサイトで無料でダウンロードできるものが存在しています。ＭＪＳが提供している会員が１００万人以上いるｂｉｚｏｃｅａｎには公認会計士などが作成した無料でダウンロードできるエクセルシートや契約書のひな形なども多数あるので参考にするとよいでしょう。わからなければプロに頼むことも大切です。

⑪事業リスクとコンティンジェンシープラン

事業展開において想定される事業リスクについて財務計画上の前提条件にどのようなインパクトが考えられるかを記載します。万一そうした事態に陥った際に経営陣はどのように対応するのか、いくら不足するのかなどを記載します。

ポイント

１分程度でまったく知らない人にも説明できる内容にまとめること。

事業計画は書けるところからどんどん書いていきましょう。何度もつくりかえていくことでよいものになっていきます。

事業計画書のつくり方

以下の質問に答えを書いていきましょう。
自動的に事業計画書の骨子が固まります。

□会社概要（会社名、代表者名、住所、電話番号、メールアドレス、URL、設立年月日、発行済株式数、授権資本、主要株主、従業員数、主要取引先）

［　　　　　　　　　　］

□経営陣（マネジメントチーム）の経歴と担当業務、起業動機、ビジョンとミッション、ステークホルダーに何を提供するのか

［　　　　　　　　　　］

□どのような製品やサービスを提供するのか、どのようなビジネスモデルでもうけるのか、経営戦略と事業が発展するにしたがってどのように事業を拡大するのか

［　　　　　　　　　　］

□誰が顧客なのか、その顧客のどのようなニーズを満たすものなのか、競合はどこか、自社の製品・サービスは競合と比較してどのような優位性があるのか、自社のコア・コンピタンスは何か、その優位性や差別化ポイントはどのくらい強固なものなのか、競合との差はどこなのか

［　　　　　　　　　　］

□アンケートによる調査結果やプロトタイプへの評価、ビジネスモデルは多様な点でイノベーションを起こしているか、現状の市場規模と成長率は、今後5年後の市場規模予想は、市場が拡大するための要因や要件は、新規参入者・競合の登場や代替品についての予測は、対抗できる自社の強みは

［　　　　　　　　　　］

□どのような経営戦略を採用するのか、マーケティング戦略、技術戦略、生産戦略、資材調達戦略、製品・サービスのポジショニングマップ

［　　　　　　　　　　］

□どのように顧客を獲得するのか、法人案件はあるか、設備投資計画、製品・サービスの単価、それらの原価または仕入れ価格、人員計画、階層による人件費見込み、販売管理費（販売管理費は同業他社の売上に対する比較や可能であれば数社にヒアリングをすることでざっくりとつくることも可能）

［　　　　　　　　　　］

Question 05

ベンチャーキャピタルなどの投資家は、リスクはあっても大きな________を得られるかどうかを重視。

Question 06

ビジネスプランは__________を考えて作成することが大切。

Question 07

成功している事業の多くは経営理念が明確で、経営理念には________と__________がある。

Question 08

ビジネスプランは________、____________、__________________、________の順番で考える。

Question 09

ビジネスプランで文章版が必要なのは、投資家や会社の役員は非常に____なためプレゼン時には読み切れないから。

Question 10

ビジネスプラン要旨のことを______________________と呼ぶ。

Question 11

ベンチャーキャピタルによっては事業計画が達成するステージごとに____を拠出するという契約を結ぶところもある。

Question 12

ビジネスプランは__分程度でまったく知らない人にも説明できる内容にまとめること。

Examination

Part 4

「事業計画策定」テスト

将来の姿を描いて
ビジネスプランを定めよう！

第4章では事業計画の策定を解説してきました。ビジネスプランは問題点の明確化、前提条件の妥当性の検証、投資家への説明や人材確保などに有用です。それでは、「おさらい」してみましょう。

＊設問の答えは202ページに掲載しています

Question 01

アマゾンの創業者＿＿＿＿＿＿＿＿＿は喫茶店のナプキンの上にビジネスモデルを書いたといわれている。

Question 02

事業存続はできても大きな成長が望めない場合にはベンチャーではなく＿＿＿＿＿と呼ぶべき。

Question 03

ビジネスプランを作成する理由は、＿＿＿＿を明らかにするため、前提条件の＿＿＿＿を明らかにするため、＿＿＿＿への説明や＿＿＿確保で有用なため。

Question 04

銀行にとって最も関心があるのは、貸し出した＿＿＿が期限どおりに回収できるかどうか。

Answer Part 4

Question 01 □ アマゾンの創業者**ジェフ・ベゾス**は喫茶店のナプキンの上にビジネスモデルを書いたといわれている。

Question 02 □ 事業存続はできても大きな成長が望めない場合にはベンチャーではなく**中小企業**と呼ぶべき。

Question 03 □ ビジネスプランを作成する理由は、**問題点**を明らかにするため、前提条件の**妥当性**を明らかにするため、**投資家**への説明や**人材**確保で有用なため。

Question 04 □ 銀行にとって最も関心があるのは、貸し出した**資金**が期限どおりに回収できるかどうか。

Question 05 □ ベンチャーキャピタルなどの投資家は、リスクはあっても大きな**リターン**を得られるかどうかを重視。

Question 06 □ ビジネスプランは**誰が読むか**を考えて作成することが大切。

Question 07 □ 成功している事業の多くは経営理念が明確で、経営理念には**ビジョン**と**ミッション**がある。

Question 08 □ ビジネスプランは**経営理念**、**事業ドメイン**、**ビジネスモデル構築**、**絞り込み**の順番で考える。

Question 09 □ ビジネスプランで文章版が必要なのは、投資家や会社の役員は非常に**多忙**なためプレゼン時には読み切れないから。

Question 10 □ ビジネスプラン要旨のことを**エグゼクティブサマリー**と呼ぶ。

Question 11 □ ベンチャーキャピタルによっては事業計画が達成するステージごとに**資金**を拠出するという契約を結ぶところもある。

Question 12 □ ビジネスプランは**1**分程度でまったく知らない人にも説明できる内容にまとめること。

Part 5

Valuation

第5章 企業価値

最後は企業価値ですが、これは金融の知識がないと難しい概念です。しかし、企業価値を学べば、投資家の視点がわかるようになります。つまりビジネスモデルを構築する際にも有益なのです。本書では参考程度にふれていきます。

Part 5

企業価値

なぜ企業価値が重要なのか

What is Valuation?

その事業の値段を算定する

ここまでビジネスモデル構築7ステップや事業計画策定方法について説明してきましたが、最後に企業価値について説明しましょう。

企業価値とは、企業の価値、すなわち会社の値段のことです。ビジネスモデルを構築する前の起業家志望の方や新規事業担当の方が企業価値について学ぶのは、気が早いと思うかもしれません。

しかし、詳細は後述しますが、どのように事業を構築すれば企業価値が高くなるのかがわかるようになるので、ビジネスモデル構築段階から意識しておくことがとても重要なのです。投資家からの出資を受ける際にいくらで自社の株式を譲渡したり第三者に株式を割り当てたりすればよいのかなど、資金調達の際に必要な知識でもあります。

株式投資を行う方は企業価値について理解しておくことは絶対に必要でしょう。企業価値を学ぶことで、成功するための重要点がわかるのです。

そもそも、企業価値とは何でしょうか。世の中の企業の中には上場している会社があります。これらの企業の株式は証券取引所などで売買ができます。企業は自社の株式を投資家に売ることで資金を調達でき、投資家は株価が上がったときの売却益と株からの配当金取得が期待できます。

では株をいくらで買うことができるでしょうか。上場している会社の株は株式市場において需要と供給が一致する価格で決定されます。たとえば業績が好調だと発表した会社の株が値上がりするのは、その株を買いたい人が売りたい人よりも多くなるためです。つまり上場企業の値段、すなわち企業価値は市場で決定されるのです。

日本の上場企業の株式時価総額ランキングというものが毎日発表されています。日本で一番株式時価総額が多いのは本書を執筆している２０１５年１月現在で**トヨタ自動車**です。その額は25兆円を超えます。2位と3位は**三菱東京ＵＦＪ銀行**と**ソフトバンク**でともに8兆円を超えています。

この株式時価総額とは、ある上場企業の株価に発行済株式数を掛けたもののことです。たとえば１株が１万円で１００

ちなみに4位以下は、NTTドコモ、NTT、KDDI、JT、ホンダ、三井住友FG、キヤノンと日本を代表する企業が並びます。

株発行していたらその会社の時価総額は１００万円となります。

次に、たとえばあなたが起業家で、数年間死にものぐるいで頑張って、やっと会社を黒字化させた矢先に有名な大企業から「貴社を買収したい」という話が舞い込んできたとしましょう。あなたの会社はすでに毎年利益が1億円以上出ていますが、資本金は創業当時の10万円のままだったと仮定します。あなたはいくらだったら会社を売却してもいいと考えますか。資本金の10万円でしょうか。それとも毎年1億円の利益が出ているのだから10億円くらいでしょうか。

さきほど説明したように、上場企業の株価は市場で決まります。株式時価総額も公表されていますからその会社の値段はわかりますが、未上場企業の株価はすぐにはわからないのです。なぜなら市場がないので需要と供給で価格が決められないからです。

そこで実務においてはさまざまな方法で株価を算定するルールをいくつか決めています。代表的な方法は本章で説明しますが、どの方法が正しいというわけではありません。あく

株式時価総額とは、1株の株価×発行済み株式数のことです。

までも株を売りたい人と買いたい人が相対で合意するためにお互いが納得する考え方のルールです。

　もしあなたが何があっても絶対「自分の会社は売らない！」と思っているのに先方が「どうしても買いたい！」と思えば1兆円の価格になることだってあり得ます。もっとも買いたいといっている会社も、自社の株主に対して合理的にその株価を説明できなければ承認されはしません。

株価算定の方法
Valuation Method

　では具体的にどのような方法で株価を決定すればお互いが納得できるものになるでしょうか。まず、基本的な考え方を説明しましょう。なお、ここで使う用語や数字などは厳密な意味ではなく企業価値とは何かのイメージをつかんでいただくためのものですのでご了承ください。

　まず、企業価値を算定する第1の方法は、決算書を基に算定する方法です。会社は毎年決算をするときに、貸借対照表や損益計算書などの決算書を作成します。

未上場会社の株価算定は購入したい人と、売りたい人の間で決定されるものです。

さきほどの例でもしあなたの会社が資本が10万円で他に負債もなければ、企業価値は10万円になるかもしれません。しかし通常はビルや機械、工場などを持っています。これらの資産の他銀行からの借入金などの負債もあります。これらを結合して計算していきます。

第2の方法は、類似会社を基準に考える方法です。上場企業の場合には株価は市場で決まると説明しましたが、仮にあなたの会社とまったく同じような事業をしている上場企業（これを類似会社と呼びます）があって毎年2億円の利益が出ていてその会社の時価総額が20億円だとしましょう。そうすると利益の10倍が時価総額になっているのではないかと考えることもできます。そうするとあなたの会社は1億円の利益が毎年出ているのでもし上場していたら同じく10倍の10億円の時価総額になるのではないかと考えることもできます。

時価総額を株式数で割れば1株の値段つまり株価が決まります。そしてこの10倍という数字はパー（ＰＥＲ）と呼ばれています。つまり利益の何倍が株価になっているのかを表す数字なのです。一般に日本の企業の場合には業種によっても

未上場会社の株価算定方法は大きく分けて3つあります。①決算書を基に算定する、②類似の上場企業の株価を参考にする、③事業のキャッシュフローを基に算定する。

異なりますがＰＥＲは10倍から20倍程度といわれています。もっとも急成長のベンチャー企業などでは50倍や１００倍となることもあります（実際には株価は来期予想の利益水準に基づきます）。

また、実際に類似会社がどこかに株式を譲渡した実例があればその実例の数字を基に株価を算定する方法もあります。これが類似取引に基づく算定方法です。しかし世の中に全く同じ事業を行っているような会社は実際には存在しません。

フリー・キャッシュフローと減価償却

Free Cashflow

最も一般的に使われる算出方法がＤＣＦ法です。ＤＣＦ法とは「あなたの会社が今後どのくらいのキャッシュを生み出すのか」という予測に基づいて会社の価値を決めるためのルールです。

通常フリー・キャッシュフロー（Free Cash Flow：ＦＣＦ）という数字を使います。これは会社が営業活動で稼いだキャッシュから、現在の事業を維持するために投資しなくてはならな

最も一般的なのはDCF法です。フリー・キャッシュフローとは、会社が自由に使える資金のことです。

い資金などを差し引いたもので会社が自由に使える資金であることからフリー・キャッシュフローと呼ばれています。

ＦＣＦは損益計算書における営業利益をベースとして算出します。実際には会社からキャッシュが出ていっていないのに損益計算書上は引かれてしまう項目や、逆にキャッシュが実際には出ていっているのに損益計算書上は引かれていない項目なども修正して求める必要があります。

たとえば資産を購入すると減価償却を行います。簡単な例でいえば２００万円で車を購入した場合には実際にはディーラーなどに２００万円を支払いますから会社のキャッシュは減少します。しかし会計上はその車は5年間使うのであれば5年間効用があるので費用に計上するのは1年分だけにする（5年間の費用に分ける）、減価償却という考え方があります。この考え方でいくと、２００万円で5年間なら毎年40万円ずつ費用として引かれることになります。実際には1年目にすでにキャッシュは２００万円会社の外に出ていってしまっています。すると2年目以降の利益はその分大きくなるわけです。実際のキャッシュと同じにするには減価償却費分を引か

営業利益=原材料費、人件費、販売費および一般管理費を支払った後の利益

		例
①	売上高	製品・サービス
②	売上原価	原材料費
③=①ー②	売上総利益	給料（人件費）など
④	販売費および一般管理費	
⑤=③ー④	**営業利益**	利息
⑥	営業外収支	
⑦=⑤ー⑥	経常利益	
⑧	特別利益・特別損失	
⑨=⑦ー⑧	税引前当期利益	税金
⑩	法人税など	
⑪=⑨ー⑩	当期利益	株価上昇・配当

ないと同じになりませんね。

　このように損益計算書と実際のキャッシュの額の違いを修正するためにいくつかの項目を修正する必要があるのです。

　金利、税金、減価償却費を差し引く前の利益をイービットダーEBITDA（Earnings Before Interest, Tax, Depreciation and Amortization）といいます。設備投資と正味運転資本（売上債権＋棚卸資産－買入債務）は、損益計算書上費用としては計上されませんが、キャッシュの支払いがある項目です。

　したがってフリー・キャッシュフローの計算式は「FCF＝税引き後営業利益＋減価償却費－正味運転資本増加額－設備投資」となります。要するに「実際に会社が自由に使えるキャッシュの数字を損益計算書を基に算定する必要がある」とここでは理解すればよいでしょう。

ポイント

そのキャッシュフローを基にどうやって会社の値段である企業価値を算定できるのかは次項で説明します。

フリーキャッシュフローとは

	税引前利払前利益(=経常利益＋支払利息)
−)	上記に対する税効果(1−法人税率)
	税引後利払前利益
+)	非支出的費用(減価償却等)
−)	非費用支出(資本的支出)
+−)	運転資本の増減
	フリーキャッシュフロー

現在価値とは何か

What is Present Value?

時間とともにお金の価値は変化している

たとえば今日１００万円もらえるのと、1年後に１０１万円もらえるのとどちらがよいでしょうか。多くの人は今日もらいたいと思うのではないでしょうか。では、1年後に１１０万円もらえるならばどうでしょうか。理論的には今日の１００万円をすぐに預金すれば1年間で利息が付きますから預金金利が5%と仮定したら1年後には１０５万円になります。これが現在の１００万円の1年後の将来価値です。この場合は1年後に１１０万円もらえる方が得だということになります。ここで1年後の１０５万円の**現在価値**は１００万円だと呼ぶのです。すなわち現在価値とは将来の価値をある割引率で算定されます。

企業の場合には株主や銀行などの債権者は経営者がうまく経営することで彼らが銀行預金や不動産投資などに資金を振

割引率（期待収益率）が5%の場合、
現在の100万円と5年後の127.63円の価値は同じ

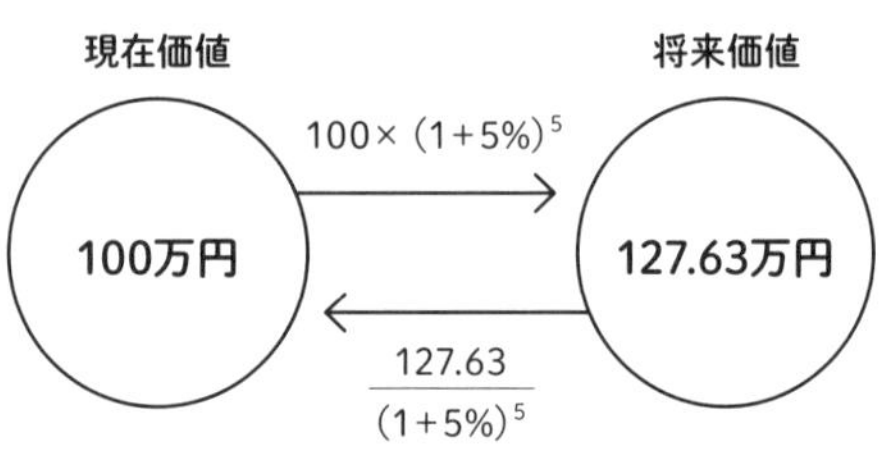
現在価値
将来価値
100×（1+5%）^{5}
100万円
127.63万円
127.63 / (1+5%)^5

5年後の127.63万円を年率5%で割り引くと100万円になる

り向けるよりもうかると期待しているのです。このように株主や債権者が期待する利回りを**期待収益率**と呼びます。ここで毎年100万円の利益（ここではキャッシュとみなします）を生む会社があるとしましょう。そして株主や債権者の期待収益率を仮に5%としましょう。すると1年後の100万円の現在価値は1・05で割った約95・23万円になります。2年後の100万円はさらに1・05で割ります。つまり1・05の2乗で100を割った90・7万円が現在価値になります。こうして3年目は1・05の3乗で100万円を割った値になります。

つまり将来生み出されるキャッシュフローの合計の現在価値が今の会社の価値になります。「企業価値を求めるためには株主や債権者が期待する何らかの利率で将来のキャッシュフローの合計を割り戻して現在価値を出す」のです。

ポイント

企業価値とは債権者価値と株主価値の合計のこと。

株主や債権者（銀行など）は企業に対してもうかることを期待しています。それが期待収益率です。

企業価値の算定方法

Valuation Method

その事業の値段を算定する

新規事業や起業家が生み出した事業の価値についてもう一度整理して説明しましょう。

算定する方法は大きく分けて3つあり、通常は複数の方式を併用して決めます。すでにざっくりと説明しましたがより専門的な用語を使って説明します。

①純資産方式・時価純資産方式

貸借対照表すなわちバランスシートを基に算定する方法で、純資産方式と時価純資産方式があります。

純資産方式とでは、帳簿上の数字でバランスシートを作成し、その資産から負債を差し引いた純資産（資本）の金額を時価総額とします。たとえば土地などを資産として持っている場合には帳簿上は取得時の価格で計上しています。その後

〈企業価値の算定方法〉

① 純資産方式・時価純資産方式
② 類似会社比較方式・類似取引比較方式
③ DCF法（Discounted Cash Flow）

土地の価格は上昇している場合でも帳簿上は取得時の価格のままです。

時価純資産方式では、現時点での保有資産を時価で再評価しバランスシートを作成し、その資産から負債を差し引いた時価の純資産（資本）の金額を時価総額とします。

なお、時価総額にさらに借入金・社債などの負債を加えたものが企業価値となりますがのちほど説明します。

②類似会社比較方式・類似取引比較方式

類似会社比較方式は、すでにご説明したように事業内容や規模が類似している上場企業の財務データと株価との比率を基に評価する方法です。

具体的には、株価が利益の何倍かを表す指標であるPER（Price Earning Ratio：株価収益率）を基に計算する方法が一般的です。この株価に発行済株式数をかけると時価総額となります。さらに借入金や社債などの負債金額を加えたものが企業価値となります。

類似取引比較方式は類似会社の取引実例におけるPERな

PER（パー）とは利益の何倍が株価になるかを示す指標です。

どの数値を基に計算する方法です。

事業内容や規模が類似している近年の取引事例を基に算定しますがまったく同一の事業を行っている他社は存在しませんし、類似会社の取引も個別の要因が反映されている可能性もあるため、あくまでも比較として算定するものであることには注意が必要です。

③DCF法（Discounted Cash Flow）

前述しましたがこの方法が最も一般的に採用される方式で、事業が将来生み出すフリー・キャッシュフローを予測してそれを期待収益率で現在価値に割り引いて算定する方式です。

現実には5年先の予測は難しいことから、楽観シナリオ、ベースシナリオ、悲観シナリオといった3つを作成することが一般的です。

なお実際の現場では②とDCF法で数値を算定してその金額のレンジ（範囲）の中で売却先と合意する数値を採用します。

DCF法の実際の手順は次のとおりです。

シナリオは①楽観シナリオ、②ベースシナリオ、③悲観シナリオの3つをつくります。

①将来のフリー・キャッシュフロー予測
②割引率となるＷＡＣＣ（ワック）を算出
③予測したフリー・キャッシュフローをＷＡＣＣで割り引いて企業価値を算定する

実際に新規事業において正確なキャッシュフローを5年間も予測することは困難かもしれませんが、企業価値を高めるための戦略が明確化できるメリットがあります。

ポイント

企業の価値を算定するための、最も一般的な方式はＤＣＦ法です。

世の中にまったく同じ事業を行っている上場企業は存在しないのであくまでも目安です。

企業価値詳細

Enterprise Value

企業価値についてさらに詳しく説明

企業価値は債権者価値と株主価値を合計したもののことです。企業は通常金融機関からの融資や社債などの負債と、資本金などの自己資本で資金を調達します。

企業は、それらの調達した資金を事業に投資することで利益を生み出し、負債の金利や元本を債権者に支払いまたは返済し、株主には配当の支払いや株価を上昇させ、利益を生み出すことで報いるのです。

債権者にとって融資や社債は権利であり利益を生み出す資産、すなわち価値があるものといえます。これを債権者価値といいます。株主の持つ株は配当や値上がり益を生み出す資産すなわち価値があるものです。ここでの1株あたりの価値と株式数をかけ合わせたものが株主価値です。

上場企業の株価はこの株主価値を市場が評価した値である

貸借対照表（BS）は、お金の調達と運用を表している

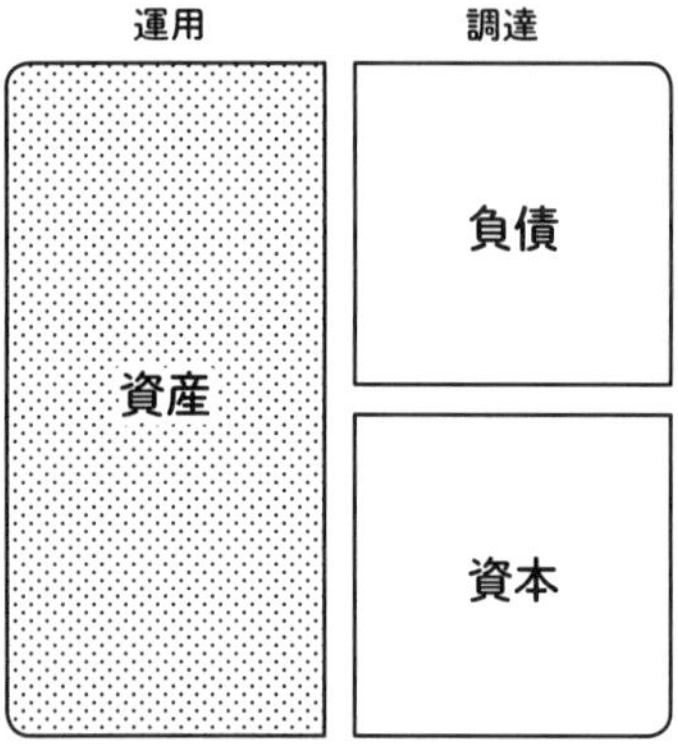

といえます。もし理論的な株主価値が市場の株価を下回っていればそれは割安な株価、つまり正しく評価されていないため、ＩＲなどの広報活動を行うことで株価が上昇する余地があることになります。

株主価値を発行済株式総数で割ることによって、１株あたりの理論的な株価が計算できます。そして企業価値とは、この株主価値に債権者価値を加えたものです。

なお、企業全体を売却する際には株主価値に加えてこれらの負債も一緒に売却先が負担する必要があります。

たとえばマンションを住宅ローン３０００万円、自己資金２０００万円で合計５０００万円で購入したとします。直後に売却する際には、自己資金分の２０００万円で売却する人はいないですよね。当然ローンを含めた金額で売却しますね。

それと同様だと思えば理解しやすいでしょう。

フリー・キャッシュフローとは

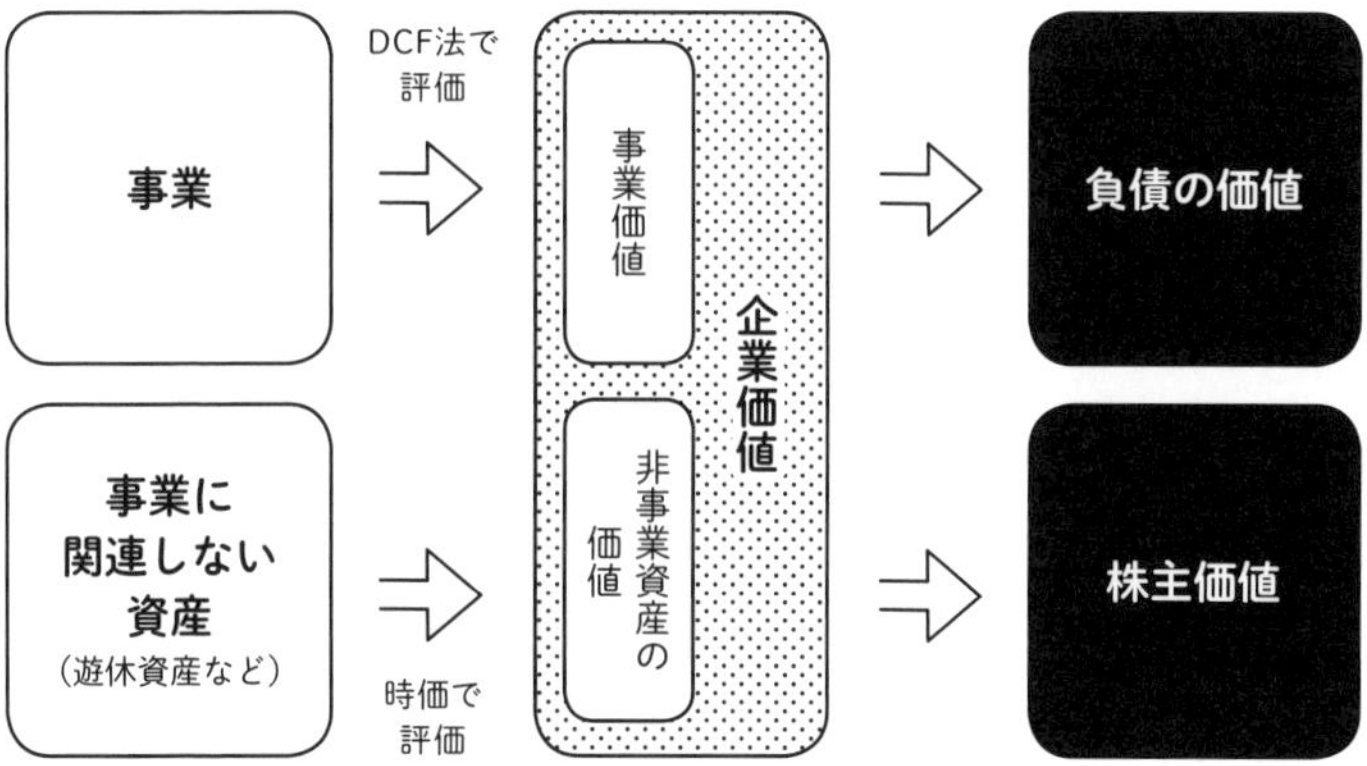

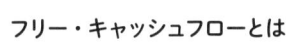

DCF法の考え方

Discounted Cash Flow Method

ＤＣＦ法では事業で生み出す将来キャッシュフローを基に企業価値を算定するとご説明しましたが、企業には余剰現金やゴルフ会員権など事業の収益を生み出すもの以外の価値もあります。

つまり企業価値を算定する際には事業価値をまず算定した上でそうした非事業資産価値を加える必要があります。

次に、企業価値を算定するにはキャッシュフローの予測数値を5年分作成したあとにそれらを現在価値に割り引くと説明しました。

この割り引くということが少しわかりにくいかもしれませんのでもう一度説明しましょう。

株主や債権者は経営者がうまく経営することで彼らが銀行預金や不動産投資などに資金を振り向けるよりももっともうかると期待しています。これが期待収益率といわれるものでしたね。前の例では5％と仮定してきましたが実際に

割引率（期待収益率）が5%の場合、
現在の100万円と5年後の127.63円の価値は同じ

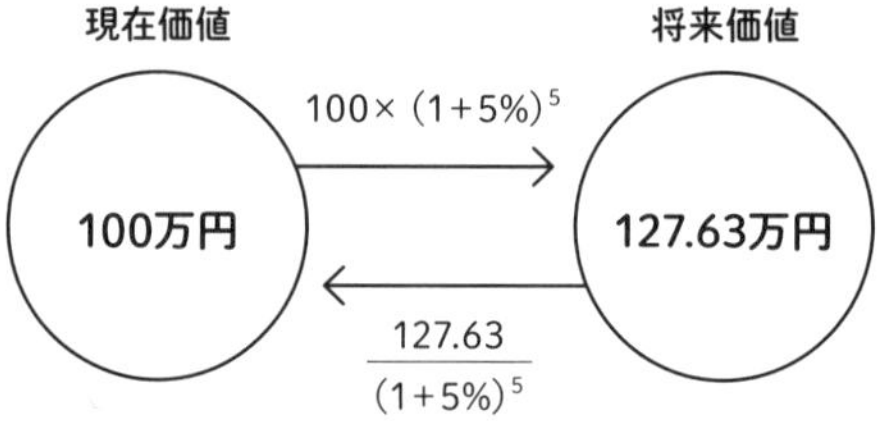
現在価値
将来価値
100×（1+5%）5
100万円
127.63万円
127.63
（1+5%）5

5年後の127.63万円を年率5%で割り引くと100万円になる

CAPM（キャップエム）という理論に基づいて計算される加重平均資本コスト（WACC　ワック）になります。WACCとは負債資本コストと株主資本コストを有利子負債と株主資本の比率で加重平均したものです。

ちょっと難しく思えてしまいますが、要は「株主と債権者が期待する収益率」を株主資本の金額と借入などの負債金額の比率で加重平均する、ということです。したがって借入がない企業であれば株主の期待収益率と同じになります。

まとめると、下図のようになります。企業価値とは非事業と事業価値に分かれます。一方で企業価値は債務者価値と株主価値に分かれます。この図をよく覚えておいてください。

ポイント

現在価値とは将来のキャッシュフローを期待収益率で割り引いたもののことです。

企業価値は、債権者と株主にとっての価値

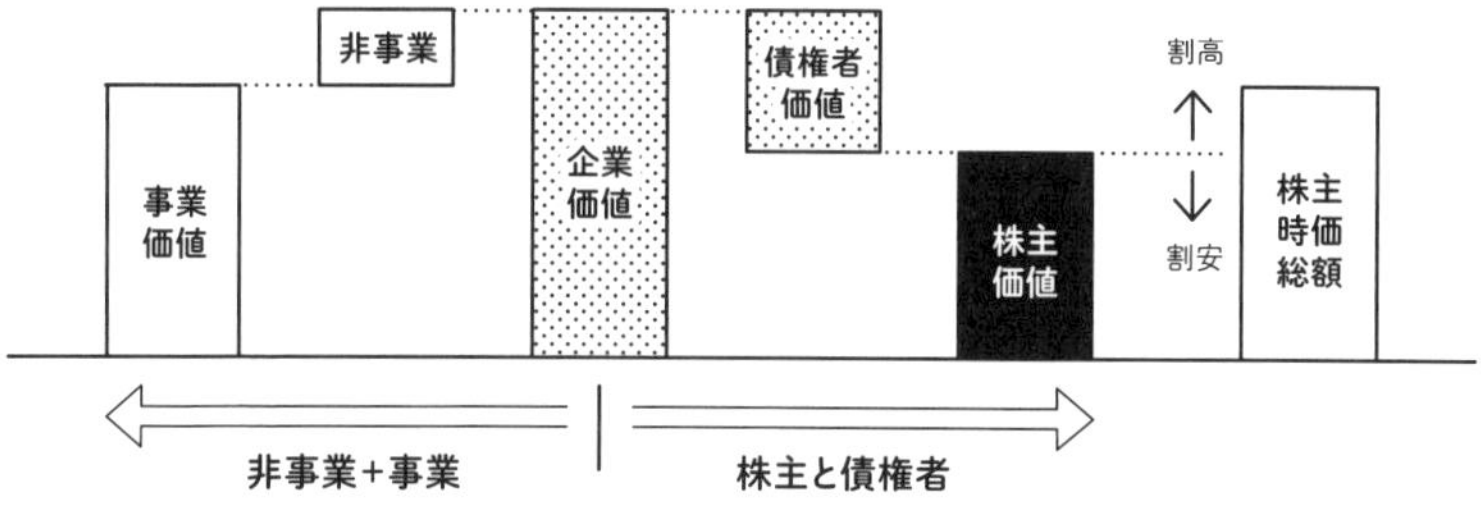

企業価値=事業価値+非事業資産価値=債権者価値+株主価値
株主価値=企業価値−有利子負債（債権者価値）

DCF法の算定手順

Discounted Cash Flow

1秒でわかる現在価値の算定方法

ここで突然ですがあなたは投資に5％の利率を期待している場合、毎年100万円のキャッシュを永久にもらえる債券をいくらだったら買いますか。すでに現在価値については説明しましたがまったく同じように考えることで価値を求めることができるのです。実際にどう計算するかはあとで説明すると言いましたね。ここで説明しましょう。

なんと答えは1秒でわかるのです。永遠に毎年100万円が支払われる債券のことを**永久債**といいますが、割引率を5％とした場合にその価格はいくらになるでしょうか？という質問と同じことです。答えは100万円を割引率5％で割るつまり20倍すればよいのです。答えは2000万円以下です。数式での説明は下記のとおり一見難しそうですが実は簡単ですので安心してください。

会計上の数字と実際のキャッシュ（現金）は異なるので修正が必要なのです。

まず永久に毎年１００万円もらえるというと将来すごい金額になるのではないかと思われるかもしれませんが、実は１００年後の１００万円は現在価値ではほぼゼロになってしまっているのです。

では次に毎年１００万円が永久に３％成長し続けるという永久債の価格の場合はどうなるでしょうか。

これも１秒でわかります！　１００万円を５－３＝２％で割る、つまり50倍して５０００万円になります。

数式での説明は下記のとおり難しそうです。これも実は簡単で、割引率から成長率を引いたもので割ればよいのです。ここでは結果だけを覚えておきましょう。

この現在価値の考え方を知っているだけでさまざまな投資の際に応用が利きますのでぜひ覚えておいてください。

ポイント

永久債の現在価値は割引率ｒで割ることで1秒で算定できるのです。

債券とは、社会的に一定の信用力のある発行体が資金を調達する際に、金銭消費貸借契約と類似の法律関係に基づく金銭債権の内容を券面上に実体化させて発行する有価証券のこと。

毎年100万円もらえる債券の現在価値＝

$$\frac{100\%}{5\%} = 2000\text{万円}$$

割引率5%、初年度の
キャッシュフローを100万円もらえ、
毎年3%ずつ成長する債券の現在価値＝

$$\frac{100\%}{5\% - 3\%} = 5000\text{万円}$$

企業価値を高めるためには

Enhance the Corporate Value

事業価値と非事業価値を意識する

では企業価値を高めるためにはどうしたらよいのでしょうか。それは企業価値がどう決定されるのかをよく検討することでわかります。まず、企業価値は事業価値と非事業資産価値の合計だと説明しましたね。したがって、事業価値と非事業資産価値を高めればよいわけです。事業価値は、将来のフリー・キャッシュフローの予測値を割り引いて計算するので、時間価値を考えれば割引率がなるべく小さい早い段階でなるべく多くのフリー・キャッシュフローを生み出すことが重要です。

また割引率とは投資家や債権者の期待する収益率でしたね。割引率を低くできれば将来のキャッシュフローの現在価値は上がります。投資家はリスクが高ければ当然期待収益率も高いものを要求します。そう考えると、いかに投資家に対して

現在価値の考え方はさまざまな投資の際にも応用されています。EVAは企業価値算定の方法からどうすれば企業価値が上がるかを指標化したものです。

自社のリスクが低いのかを説明することが重要になります。

さらにフリー・キャッシュフローを増加させることができれば事業価値は増大しますから、本業の営業利益を増やすことや、減価償却などの税制優遇措置を活用すること、運転資金を削減すること、具体的には売掛金の早期回収や不要な在庫をなるべく圧縮するなどが大切だとわかります。ただし、過度の在庫調整などは営業機会を逃してしまいますので注意が必要です。

資本コストよりも負債コストの比率を上げることも、割引率を下げて、事業価値を高めることにつながります。割引率は資本コストと負債コストの加重平均であるWACCでしたが、一般に資本コストの方が負債コストよりも大きいとされています。

ポイント

企業価値を高めるには他のなによりもバランスが重要なのです。

経営として株価の上昇だけを狙う時価総額主義が一時期はやりましたが、短期的な成功は収めても、結果として将来的な成長の芽を摘んでしまうリスクがあることに注意が必要です。

Question 05
「あなたの会社が今後どのくらいのキャッシュを生み出すのか」に基づいて会社の価値を決めるためのルールが________。

Question 06
会社が自由に使える資金のことを________________________という。

Question 07
専門的ではあるが、金利・税金・減価償却費を差し引く前の利益を____________という。

Question 08
フリーキャッシュフローを求める計算式は「______________+________−________________−________」。

Question 09
将来生み出される______________の合計の現在価値が今の会社の価値になる。

Question 10
利益の何倍が株価になるかを示す指標のことを__________という。

Question 11
企業価値の算定方法は3つ。______________________、______________________________、________。

Question 12
負債資本コストと株主資本コストを有利子負債と株主資本の比率で加重平均したものが____。

Examination

Part 5

「企業価値」テスト

会社の値段を知れば ビジネスがよくわかる！

第5章では企業価値について解説してきました。どのように事業を構築すれば企業価値が高くなるのかがわかるようになるので、ビジネスモデル構築段階から意識しておくことが重要です。それでは、「おさらい」してみましょう。

＊設問の答えは228ページに掲載しています

Question 01

企業価値は投資家からの出資を受ける際にいくらで自社の____を譲渡したり第三者に____を割り当てたりすればよいのかなど、________の際に必要な知識。

Question 02

上場している会社の株は________において需要と供給が一致する価格で決定。

Question 03

日本で一番株式時価総額が多いのは本書を執筆している2015年1月現在で____________。

Question 04

未上場会社の株価算定方法は以下の3つ。①______を基に算定する、②____の上場企業の____を参考にする、③__________________を基に算定する。

Answer
Part 5

Question 01 □ 企業価値は投資家からの出資を受ける際にいくらで自社の**株式**を譲渡したり第三者に**株式**を割り当てたりすればよいのかなど、**資金調達**の際に必要な知識。

Question 02 □ 上場している会社の株は**株式市場**において需要と供給が一致する価格で決定。

Question 03 □ 日本で一番株式時価総額が多いのは本書を執筆している2015年1月現在で**トヨタ自動車**。

Question 04 □ 未上場会社の株価算定方法は以下の3つ。①**決算書**を基に算定する、②**類似**の上場企業の**株価**を参考にする、③**フリー・キャッシュフロー**を基に算定する。

Question 05 □ 「あなたの会社が今後どのくらいのキャッシュを生み出すのか」に基づいて会社の価値を決めるためのルールが**ＤＣＦ法**。

Question 06 □ 会社が自由に使える資金のことを**フリー・キャッシュフロー**という。

Question 07 □ 専門的ではあるが、金利・税金・減価償却費を差し引く前の利益を**イービットダー**という。

Question 08 □ フリーキャッシュフローを求める計算式は「**税引き後営業利益**＋**減価償却費**－**正味運転資本増加額**－**設備投資**」。

Question 09 □ 将来生み出される**キャッシュフロー**の合計の現在価値が今の会社の価値になる。

Question 10 □ 利益の何倍が株価になるかを示す指標のことを**PER（パー）**という。

Question 11 □ 企業価値の算定方法は3つ。**純資産方式・時価純資産方式**、**類似会社比較方式・類似取引比較方式**、**ＤＣＦ法**。

Question 12 □ 負債資本コストと株主資本コストを有利子負債と株主資本の比率で加重平均したものが**WACC**。

ビジネスモデル構築7ステップ

戦術カード

使い方

本書では「ビジネスモデル構築7ステップ」を解説してきましたが、最後に実践に使える戦術カードをご紹介します。

❶右の戦術カードを点線に沿って、はさみなどで切ってカードにしてください。

❷あなたが検討しているまたはターゲットとするビジネスの現状をまず把握しましょう（STEP 1→P60参照）。

❸「STEP 2」のカードから1枚を選び、❷のビジネスモデルにあてはめるとどうなるかを考えてみてください。

❹ 同様に「STEP 2」の他のカードについても検討をしていきましょう。こうして同一のステップ内でのすべてのカードを検討した結果、よいアイデアが出たらそのカードを残します。

❺次に「STEP 3」さらには「STEP 4」「STEP 5」「STEP 6」のカードを、❹の方法で検討していきましょう。

❻「Step 2」から「Step 6」までで選んだカードをつなげて、ひとつのビジネスモデルにしてみましょう。

❼最後に「STEP 7」（→P172参照）に基づいてそのビジネスモデルが実行可能性があるかどうか、差別化できるかどうかのチェックをしていきましょう。

この流れを何度も繰り返すことで、世界でひとつだけのあなたの成功ビジネスモデルが生まれます！

なお、もし各カードの意味がわからない場合には本文に戻り確認してから実行してください。

STEP 3	専門化 特定市場ナンバーワン化 限定化	STEP 2	顧客を 法人向けにシフト （B to B / C to B）
STEP 3	漁夫の利化	STEP 2	顧客を 個人向けにシフト （C to C / B to C）
STEP 3	カスタム化・半製品化	STEP 2	顧客を関係先にシフト 意思決定者 / 資金提供者 / 受益者 / その他
STEP 3	中古市場	STEP 2	顧客の地域を集中
STEP 3	拡張化	STEP 2	顧客を特定層に集中
STEP 3	フロントエンド ＋ バックエンド化	STEP 2	グローバル化
STEP 3	多毛作化	STEP 3	モノから サービス（＋モノ）へ
STEP 3	デファクト スタンダード化	STEP 3	サービスから モノ（＋サービス）へ
STEP 3	規格化	STEP 3	競合の逆張りにシフト
STEP 3	競合模倣、同質化	STEP 3	価値を複数化
STEP 3	受託	STEP 3	時間短縮・省手間化
STEP 3	ソーシャル活用化	STEP 3	階層化

- STEP 2　顧客を法人向けにシフト（BtoB/CtoB）
- STEP 2　顧客を個人向けにシフト（CtoC/BtoC）
- STEP 2　顧客を関係先にシフト　意思決定者/資金提供者/受益者/その他
- STEP 2　顧客の地域を集中
- STEP 2　顧客を特定層に集中
- STEP 2　グローバル化
- STEP 3　モノからサービス（+モノ）へ
- STEP 3　サービスからモノ（+サービス）へ
- STEP 3　競合の逆張りにシフト
- STEP 3　価値を複数化
- STEP 3　時間短縮・省手間化
- STEP 3　階層化
- STEP 3　専門化　特定市場ナンバーワン化　限定化
- STEP 3　漁夫の利化
- STEP 3　カスタム化・半製品化
- STEP 3　中古市場創設
- STEP 3　拡張化
- STEP 3　フロントエンド＋バックエンド化
- STEP 3　多毛作化
- STEP 3　デファクトスタンダード化
- STEP 3　規格化
- STEP 3　競合模倣、同質化
- STEP 3　受託
- STEP 3　ソーシャル活用化

STEP 5	ソーシャル・プラットフォーム化	STEP 4	カミソリの刃モデル	STEP 3	ブランドマルチ化
STEP 5	シェア化	STEP 4	受注前受け化	STEP 3	最先端スピード化
STEP 5	スピード化、リーン化	STEP 4	仲介型	STEP 3	二次市場化
STEP 5	オートメーション化	STEP 4	高価格化	STEP 3	ローカル化
STEP 5	アライアンス	STEP 4	デアゴスティーニモデル	STEP 4	トータルコスト削減
STEP 5	ブロック化で参入障壁化	STEP 4	逓増価格	STEP 4	実績連動化・成功報酬型
STEP 5	販売チャネルのシフト	STEP 4	マークアップ式	STEP 4	価格の個別化・カスタマイズ化
STEP 5	ダイレクト販売	STEP 4	シェア型化・物々交換	STEP 4	無料化、低価格化
STEP 6	ヒトで差別化	STEP 4	逓減価格	STEP 4	変動価格化、オークション化、リバース・オークション化
STEP 6	モノで差別化	STEP 5	バンドル化またはアンバンドル化	STEP 4	ライセンス化、フランチャイズ化
STEP 6	カネで差別化	STEP 5	アウトソース	STEP 4	会員制月額課金モデル化
STEP 6	情報で差別化	STEP 5	オープン化	STEP 4	金融化（リース・レンタル化）

STEP 3	ブランドマルチ化	STEP 4	カミソリの刃モデル	STEP 5	ソーシャル・プラットフォーム化
STEP 3	最先端スピード化	STEP 4	受注前受け化	STEP 5	シェア化
STEP 3	二次市場化	STEP 4	仲介型	STEP 5	スピード化、リーン化
STEP 3	ローカル化	STEP 4	高価格化	STEP 5	オートメーション化
STEP 4	トータルコスト削減	STEP 4	デアゴスティーニモデル	STEP 5	アライアンス
STEP 4	実績連動化・成功報酬型	STEP 4	逓増価格	STEP 5	ブロック化で参入障壁化
STEP 4	価格の個別化・カスタマイズ化	STEP 4	マークアップ式	STEP 5	販売チャネルのシフト
STEP 4	無料化、低価格化	STEP 4	シェア型化・物々交換	STEP 5	ダイレクト販売
STEP 4	変動価格化、オークション化、リバース・オークション化	STEP 4	逓減価格	STEP 6	ヒトで差別化
STEP 4	ライセンス化、フランチャイズ化	STEP 5	バンドル化またはアンバンドル化	STEP 6	モノで差別化
STEP 4	会員制月額課金モデル化	STEP 5	アウトソース	STEP 6	カネで差別化
STEP 4	金融化（リース・レンタル化）	STEP 5	オープン化	STEP 6	情報で差別化

The End!

いかがでしたでしょうか?
「ビジネスモデル」講義はこれにて終了です。
次は「マーケティング」講義でお会いしましょう!

	著書	著者	出版社	出版年
その他	プロフィット・ゾーン経営戦略 ── 真の利益中心型ビジネスへの革新	エイドリアン・J・スライウォツキー、デイビッド・J・モリソン著、恩蔵直人、石塚浩訳	ダイヤモンド社	1999年
	ホワイトスペース戦略 ── ビジネスモデルの〈空白〉をねらえ	マーク・ジョンソン著、池村千秋訳	CCCメディアハウス	2011年
	経営戦略の思考法	沼上幹著	日本経済新聞出版社	2009年
	マネジメント・テキスト ── 経営戦略入門	網倉久永、新宅純二郎著	日本経済新聞出版社	2011年
	ザッポスの奇跡 ── アマゾンが屈した史上最強の新経営戦略	石塚しのぶ著	廣済堂出版	2010年
	一気に業界No.1になる！「新・家元制度」顧客獲得の仕組み ── どんなビジネスにも使える！継続率96%の秘密	前田出著	ダイヤモンド社	2008年
	ケースブック ── 経営戦略の論理	伊丹敬之、西野和美編	日本経済新聞出版社	2012年
	イノベーションと企業家精神	P・F・ドラッカー著、上田淳生訳	ダイヤモンド社	2007年
	アナロジー思考	細谷功著	東洋経済新報社	2011年
	ビジネスプランニングの達人になる法	志村勉著	PHP研究所	2008年
	図解＆事例で学ぶ ビジネスモデルの教科書	カデナクリエイト著、池本正純監修	マイナビ	2014年

参考文献

	著書	著者	出版社	出版年
1章	パーソナル・プラットフォーム戦略	平野敦士カール著	ディスカヴァー・トゥエンティワン	2011年
	イノベーションのジレンマ ── 技術革新が巨大企業を滅ぼすとき	クレイトン・クリステンセン著、玉田俊平太監修、伊豆原弓訳	翔泳社	2001年
	リーン・スタートアップ	エリック・リース著、伊藤穣一解説、井口耕二訳	日経BP社	2012年
	ゼロ・トゥ・ワン ── 君はゼロから何を生み出せるか	ピーター・ティール、ブレイク・マスターズ著、関美和訳	NHK出版	2014年
	図解 カール教授と学ぶ成功企業31社のビジネスモデル超入門!	平野敦士カール著	ディスカヴァー・トゥエンティワン	2012年
	なぜ、あの会社は儲かるのか? ビジネスモデル編	山田英夫著	日本経済新聞出版社	2012年
2章	コトラーのマーケティング思考法	フィリップ・コトラー、フェルナンド・トリアス・デ・ベス著、恩藏直人、大川修二訳	東洋経済新報社	2004年
	発想法 ── 創造性開発のために	川喜多二郎著	中央公論新社	1967年
	創造力を生かす ── アイディアを得る38の方法	アレックス・F・オスボーン著、豊田晃訳	創元社	2008年
	トヨタ生産方式 ── 脱規模の経営をめざして	大野耐一著	ダイヤモンド社	1978年
3章	ビジネスモデル・イノベーション ── ブレークスルーを起こすフレームワーク10	ラリー・キーリー、ライアン・ピッケル、ブライアン・クイン、ヘレン・ウォルターズ著、平野敦士カール監訳、藤井清美訳	朝日新聞出版	2014年
	コピーキャット ── 模倣者こそがイノベーションを起こす	オーデッド・シェンカー著、井上達彦、遠藤真美訳	東洋経済新報社	2013年
	ビジネスモデル・ジェネレーション ── ビジネスモデル設計書	アレックス・オスターワルダー、イヴ・ピニュール著、小山龍介訳	翔泳社	2012年
	破天荒!	ケビン・フライバーグ、ジャッキー・フライバーグ著、小幡照雄訳	日経BP社	1997年
	巨象も踊る	ルイス・V・ガースナー著、山岡洋一、高遠裕子訳	日本経済新聞社	2002年
	俺のイタリアン、俺のフレンチ ── ぶっちぎりで勝つ競争優位性のつくり方	坂本孝著	商業界	2013年
	ブルー・オーシャン戦略 ── 競争のない世界を創造する	W・チャン・キム、レネ・モボルニュ著、有賀裕子訳	ダイヤモンド社	2013年
	プラットフォーム戦略	平野敦士カール、アンドレイ・ハギウ著	東洋経済新報社	2010年
	スターバックス成功物語	ハワード・シュルツ、ドリー・ジョーンズ・ヤング著、小幡照雄、大川修二訳	日経BP社	1998年
	さおだけ屋はなぜ潰れないのか? 身近な疑問からはじめる会計学	山田真哉著	光文社	2005年
	Twitter、Ustream.TV、Facebookなど、ソーシャルメディアで世界一成功した男 ── ゲイリーの稼ぎ方	ゲイリー・ヴェイナチャック著、岩元貴久訳	フォレスト出版	2010年
	リブセンス〈生きる意味〉	上阪徹著	日経BP社	2012年
	フリー ──〈無料〉からお金を生みだす新戦略	クリス・アンダーソン著、小林弘人監修、高橋則明訳	NHK出版	2009年
	青年社長(上)(下)	高杉良著	角川書店	2002年
	オープンイノベーション ── 組織を越えたネットワークが成長を加速する	ヘンリー・チェスブロウ、ウィム・ヴァンハーベク、ジョエル・ウェスト著、長尾高弘訳	英治出版	2008年

おわりに

Epilogue

最後までお読みいただきありがとうございました。

実際に手を動かして実践されたでしょうか？

新しいアイデアをひらめくことは誰でもできると思います。

しかし実際にそれを実行し実現していくことは想像以上に大変なことです。はじめからうまくいく人などほとんどいないといってもよいかもしれません。

またまわりの協力も欠かせません。いかに多くの人の協力を得られるかが成功の鍵といってもよいと実感しています。そして何よりも本当にこの事業をやりたい！　成功させたい！　という熱い情熱と行動力、さらにあきらめない継続力が大切です。

事業の成功は最後はヒトだ、といわれています。それは単に優秀かどうかではなくどれだけ情熱を持ってスピーディーに行動できるか、困難に直面したときにいかにそれを乗り越えていけるかという点が本当に成否を分ける局面が何度もあるからです。

ぜひ本書を常に机上に置いて折に触れて眺めていただき何度も読み返し繰り返しビジネスプランを練ってみてください。世の中に新しい成功ビジネスが登場した際には何が成功要因なのだろうか、という視点で本書にあてはめて考えてみることをお勧めします。また、最新のアメリカスタートアップ企業の情報を得るには、The Inc.500（www.inc.com）やYコンビネーター（www.ycombinator.com）が参考になります。

なお私が理事長を務める社団法人プラットフォーム戦略協会認定のビジネスモデル構築エバンジェリストや認定経営コンサルタントによるワークショップも随時開催されています。

https://www.facebook.com/MSPlatform

本書が少しでも日本経済の活性化につながることを期待しています。

最後に、本書の刊行にあたっては、朝日新聞出版 書籍編集部の増渕有様、谷野友洋様、カデナクリエイトの杉山直隆様にご協力いただきました。厚く御礼申し上げます。

2015年2月　本郷の自宅にて

平野敦士カール

平野敦士カール

ビジネス・ブレークスルー大学教授、株式会社ネットストラテジー代表取締役社長、社団法人プラットフォーム戦略協会理事長。麻布中学・高校卒業、東京大学経済学部卒業。日本興業銀行にて国際・投資銀行業務、NTTドコモiモード企画部担当部長を経て現職。元楽天オークション取締役、元タワーレコード取締役、元ドコモ・ドットコム取締役。上場企業を中心に数多くの会社のアドバイザーを務める一方、経営コンサルタント養成講座の運営や早稲田大学ビジネススクール(MBA)非常勤講師、ハーバード・ビジネス・スクール招待講師などを歴任。著書は海外でも翻訳出版されており、国内外での講演講義多数。

URL:ameblo.jp/mobilewallet/（アメブロオフィシャルブログ）
Facebook:www.facebook.com/carlatsushihirano/

カール教授のビジネス集中講義
ビジネスモデル

2015年2月28日　第1刷発行
2016年4月20日　第2刷発行

著　　者　平野敦士カール
発 行 者　首藤由之

編集協力　杉山直隆（カデナクリエイト）
図版制作　小林祐司

発 行 所　朝日新聞出版
〒104-8011　東京都中央区築地5-3-2
電話　03-5541-8814（編集）
03-5540-7793（販売）
印 刷 所　大日本印刷株式会社

Published in Japan by Asahi Shimbun Publications Inc.
ISBN 978-4-02-331379-8

定価はカバーに表示してあります。

落丁・乱丁の場合は弊社業務部（電話 03-5540-7800）へご連絡ください。
送料弊社負担にてお取り換えいたします。